Conceptos de Inteligencia
Ensayos sobre la inteligencia

Thomas J. Hally

Dedicado con todo mi amor a Guadalupe García Hally

"Me volví loco, con largos intervalos de horrible cordura"

Edgar Allan Poe (1809-1849 Escritor y poeta estadounidense

iv

Contenido

vi

Agradecimientos

Principalmente, quiero agradecer a al doctor Patrick M. O'Shea, Profesor de Música en la Universidad St. Mary de Minnesota, y Presidente de la *International Society for Philosophical Enquiry* (ISPE - www.thethousand.com). Él es un ex-editor de *Telicom*, la revista de la *Asociación*. Patrick O'Shea también "se arriesgó" un poco cuando me asignó el trabajo de Editor en Jefe de *Telicom* en noviembre de 2007. Permanecí como editor hasta abril de 2010. Aprendí a escribir bien mientras editaba *Telicom* y traducía cuentos y artículos del español, francés y portugués al inglés. También quisiera dar mis más calurosos abrazos y agradecimientos a mis buenos amigos argentinos: Julio León Banfi, Gladys Mónica Galleta, María José Rubin ("Majo"), mi editora por excelencia, María Luz Ghezzi, Mahtob Arella, Judith Vainman, Facundo Viana, Paula Gómez y Roxana Díaz Conte por haber traducido todas las contribuciones que yo les mandé para la revista Mensapiens y el boletín argentino InfoMensa. En especial, quiero agradecer a mi perito traductor y buen amigo Hernán ("Chapu") Trigo Mogro. Sin su valiosa ayuda no hubiese sido posible la rápida publicación de este libro en español. Por último, pero ciertamente no por ello menos importante, vaya un "gracias" a mi hermosa esposa, Guadalupe, por su amor, su paciencia, y por el maravilloso trabajo que hace como correctora para mí.

Introducción

Yo escribí *Conceptos de Inteligencia* para todo el mundo, no importa si tiene alto cociente intelectual (C.I.) o es más bien "normal". Pero es un hecho que los artículos o ensayos que usted va a encontrar aquí adentro sí fueron originalmente escritos para los miembros de Mensa Internacional; a veces en inglés y otras veces en la lengua del país al que se dirigiera el texto. Si hace seis años alguien me hubiese dicho que yo iba a ser el escritor de artículos principales para el *Mensa International Journal*, le hubiese contestado que estaba "loco": hoy, con más de seis años de experiencia escribiendo para el *MIJ* y el *Mensa World Journal*, no puedo más que decir "caray". ¿Por qué? Porque tuve la oportunidad de mi vida en las manos y se transformó en una realidad. He sido capaz de, literalmente, "tocar" a la mayoría de los más de 125.000 miembros de Mensa alrededor del mundo. Algunos de estos miembros se han tomado la molestia de escribirme para pedirme el Pdf o documento de tal o cual artículo, mientras que otros me han ofrecido críticas constructivas. Y otros más me han escrito tan solo para saludarme o para contarme cuál es su artículo favorito. (Siempre es fantástico saber que alguien allá afuera de hecho *tiene* un "favorito", y que no estoy siendo... bueno, ignorado.)

Los miembros de Mensa siempre dicen lo que piensan. Otra virtud que poseen es su capacidad de escuchar, y de no callar o "apagar" al otro participante en una discusión intelectual – acalorada–, en una conversación o debate. Esta "apertura mental con respaldo", como me gusta llamarla, es la razón principal por la que siempre me he sentido agradecido cuando un miembro de Mensa se toma el tiempo de compartir sus ideas conmigo. Aquellos que me han escrito siempre me han apoyado y ninguno ha sido maleducado. Yo nunca sé qué puedo llegar a escribir luego de conversar con un compañero de Mensa.

Conceptos de Inteligencia explora la ciencia de la inteligencia humana y la inteligencia artificial. En este tomo yo toco hasta la inteligencia animal para apaciguarnos, los amantes de animales. El libro lee como una novela con muy interesantes e informativas referencias a través de sus páginas. Cada ensayo tiene su propio introducción y, al final de cada uno, el autor llega a su conclusión, qué frecuentemente abarca un sumario del todo leído en el ensayo en un párrafo o menos. ¿Sabías que el chocolate puede aumentar tu C.I. (Cociente Intelectual)? Es cierto, lee acerca del chocolate en el capítulo "La venganza de Moctezuma- El chocolate puede aumentar tu CI". ¿Qué necesita una persona para ser reconocida como "genio"? ¿Por qué hay tantos genios a través de la historia que han sido afectados con enfermedades mentales tales como el desorden bipolar y la esquizofrenia? ¿Porque muchas personas intelectualmente superdotadas no son reconocidas como tal y tienen que aceptar un trabajo que no es adecuado a su potencial intelectual y creativo?

El presente, escueto volumen es una colección de mis artículos favoritos acerca del tema general de los "conceptos de inteligencia": psicología, psicométrica, computadoras y varias ideas relacionadas. También se discute la inteligencia humana, así como la I.A. o "Inteligencia Artificial". Además, incluí un artículo sobre la inteligencia animal. Las horas consumidas investigando y "armando" cada uno de estos artículos han sido tan extenuantes como apasionantes y, por ende, no ha sido un trabajo aburrido en lo más mínimo –al contrario. Espero que disfrute leyendo *Conceptos de Inteligencia* tanto como yo disfruté escribiéndolo. Hago hincapié en que *Conceptos...* ha sido escrito para todos. A la vez, es un libro que pretende desafiarle y dejarlo pensando. Puede que responda a algunas de las preguntas comunes que le intrigan mientras usted crece con la nueva era, o cuando ya haya crecido y madurado con la eternamente joven "Era Informática". No hay pruebas de C.I. u otros trucos entre las páginas de *Conceptos de Inteligencia*. Si está buscando pruebas *parecidas* a una prueba de ingreso a Mensa, visite la página de Mensa Internacional en www.mensa.org y haga el "Mensa Workout". Espero que disfrute mucho de este pequeño tomo que tiene presente en sus manos.

Thomas J Hally
3 junio 2014 (Primera edición en inglés)
12 de agosto de 2012 (segunda edición en inglés)
1 de junio de 2014 (primera edición en castellano)

Nota a la primera edición en idioma castellano

Esta versión de *Conceptos de Inteligencia* en idioma castellano tiene 24 de mis más populares ensayos, traducidos al castellano por Hernán ("Chapu") Trigo Mogro, un buen amigo y colega que vive en la hermosa ciudad de Buenos Aires, Argentina. Desde el año 2011, cuando publiqué la primera edición de *Concepts of Intelligence* en inglés, hasta la primera mitad de 2014, el tiempo ha transcurrido rápidamente. Y ahora, les presento para su gusto y sus críticas la versión del mismo libro en castellano: *Conceptos de Inteligencia*. Me había ocupado en escribir, como siempre, ensayos de varios tipos y temas para la *Mensa International Journal* y *Mensa World Journal* hasta septiembre de 2013, cuando "me jubilé". Ahora, tengo más tiempo para dedicarme a la poesía, y hasta estoy estudiando poesía en línea y afilando mi francés en una escuela local. Es mi placer compartir la fruta de mis labores (mis placeres) con ustedes, la gente de habla hispana. Pero si usted es algo como yo –ni de origen español ni latinoamericano– no vacile. Tiene todo el derecho del mundo de comprar *Conceptos de Inteligencia* y leerlo. Y si usted es un neófito con el idioma español, ¿qué mejor manera de aprenderlo que hablando de la inteligencia y demostrando su propia inteligencia en el proceso?

Conceptos de Inteligencia

Ensayos sobre la inteligencia

Capítulo Uno

"Divina locura"

Hace seis años escribí un artículo para el *Mensa International Journal* titulado *¿Genio creativo o psicótico?* El presente artículo es un intento de subsanar algunas evidentes omisiones en mi escrito original, mediante la inclusión de cierta información importante y relevante. He aprendido mucho en mi investigación sobre la creatividad y los conceptos de inteligencia durante el cargo que desempeño actualmente como escritor para el MIJ y el IJ Extra, y es mi sincero placer compartir un poco de todo ello con usted.

Mucha gente está interesada en la relación entre la "locura" y la creatividad. En los círculos científicos, es común la opinión de que la gente creativa posee bajos niveles de *inhibición latente* o, como se la define con frecuencia, *habilidad animal inconsciente de ignorar estímulos que la experiencia ha mostrado irrelevantes a sus necesidades.* (Cambie "animal" a "humana" en la oración anterior y tendrá el concepto explicado en dos palabras.) La baja inhibición latente es tan esencial para el individuo creativo como lo es la tendencia a fantasear. Ciertamente, la baja inhibición latente es un factor clave a la hora de definir al individuo creativo. Aquellos afectados por una de entre varias clases de desórdenes psíquicos son probablemente más propensos a fantasear y poseen bajos niveles de inhibición latente.

¿Podría existir un basamento biológico para la creatividad, relacionado con la enfermedad mental? La baja inhibición latente y la tendencia a fantasear son dos características que los individuos psicóticos tienen en común con los creativos, y van de la mano entre ellas. La baja inhibición latente, un cierto grado de inteligencia, y la tendencia a fantasear son todos factores a tener en cuenta para una teoría de cómo se interrelacionan la creatividad y la psicosis. Los psicólogos de la Universidad de Toronto y la Universidad de Harvard han definido una de las bases biológicas de la creatividad. Sostienen que los cerebros de las personas creativas están más abiertos a los estímulos del entorno, mientras que los individuos no creativos pueden ignorar esta misma información mediante sus altos niveles de inhibición latente.

Los equipos investigativos de las universidades de Toronto y Harvard han realizado pruebas psicológicas en las cuales los individuos creativos mostraron bajos niveles de inhibición latente, mientras que los sujetos de estudio no creativos presentaron niveles altos. A raíz de esto, los individuos creativos estaban más a tono con los estímulos externos, y utilizaban esa información extra constantemente. De acuerdo con el profesor de psicología Jordan Peterson de la Universidad de Toronto, "la persona normal clasifica un objeto y luego se olvida de él, incluso si el objeto es mucho más complejo e interesante de lo que él o ella cree. La persona creativa, en cambio, está siempre abierta a nuevas posibilidades".

Algunos investigadores coinciden en que la relación entre la genialidad y un pequeño porcentaje de esquizofrénicos se explica, en última instancia, por un gen particular llamado DARPP-32: dopamina y fosfoproteína cíclica AMP-regulada, que trabaja como neurotransmisor y relaciona el genio con la locura. Tres cuartas partes de cualquier población dada heredan una versión del gen DARPP que aumenta la actividad pensante del cerebro al mejorar el procesamiento de información del córtex prefrontal, que orquesta los pensamientos y las acciones. El Dr. Daniel Weinberger, del Instituto de la Salud Mental de los Estados Unidos, cree que el gen DARPP se transforma en una desventaja durante un episodio esquizofrénico severo; la creatividad puede ser un "tiro por la culata" y acarrear consecuencias trágicas.

Sylvia Plath fue una poetisa bipolar superdotada que tuvo una vida "patas para arriba", a la que puso fin abruptamente en 1963; tenía 30 años. Vincent Van Gogh se suicidó a los 37 años de edad: se especula que él también era bipolar. El ex primer ministro británico Winston Churchill, asimismo, era un maníaco-depresivo. Tanto el poeta de la generación beat Jack Kerouac como el ganador del Premio Nobel John Forbes Nash encajan en el diagnóstico esquizofrénico.

Las manías moderadas y las alucinaciones pueden engendrar procesos de pensamiento originales e incluso elevar el C.I. de una persona. Las alucinaciones auditivas y visuales son síntomas de la gente propensa a fantasear, y no solo de los esquizofrénicos y los maníaco-depresivos. La paranoia y depresión moderadas hacen las veces de "controles" para los excesos del pensamiento y la acción. También pueden ser herramientas poderosas para acercar a un individuo a un alto nivel de realización creativa.

Los griegos clásicos creían que la inspiración creativa –"*afflatus*", en inglés– se lograba mediante estados alterados de la mente.

Esta inspiración creativa se llama normalmente "divina locura". Las mentes creativas, y algunas patológicas, parecen seguir el mismo patrón cognitivo.

Cuando una inteligencia muy alta y una inhibición latente baja se conjugan en un mismo individuo— ¡*voilà!* —ha nacido un genio creativo.

Capítulo Dos

El orden de nacimiento y la inteligencia

El interés por la relación entre el orden de nacimiento y la inteligencia data de, al menos, 1874, cuando se publicó el libro *Científicos británicos: sus características y crianzas*, de Francis Galton.[1]

Como pionero de la eugenésica, Galton investigó la vida de 180 eminencias científicas de varios campos, y pudo recolectar datos acerca del orden de nacimiento de noventa y nueve de estos sujetos de estudio, que revelaron que el cuarenta y ocho por ciento fueron primogénitos o hijos únicos.[2]

Innumerables estudios han confirmado la conclusión de Galton, y el interés por el orden de nacimiento y la eminencia intelectual continúa aumentando. La correlación entre la primogenitura y la eminencia se encuentra aparentemente circunscripta a ciertos tipos de logros científicos, ya que los niños que no nacen los primeros son más propensos a volverse líderes revolucionarios y científicos, y puede que de hecho sean mucho más creativos que los primogénitos.

En 1973, Lillian Belmont y Francis Marolla publicaron datos de pruebas sobre tamaño familiar, orden de nacimiento e inteligencia (la versión holandesa del test de Matrices Progresivas de Raven) de casi toda la población de jóvenes holandeses de diecinueve años (386.114 sujetos). El estudio reveló que los hijos de familias más numerosas tienden a tener un peor desempeño en tests de inteligencia y mediciones educativas que aquellos de familias más pequeñas, incluso cuando se tiene en cuenta la clase social. Los primogénitos tuvieron puntajes consistentemente superiores en el test de Raven que los niños nacidos luego y, salvo unas pocas excepciones, se encontró un gradiente de puntuaciones cada vez más bajas a medida que aumentaba el orden de nacimiento, por lo que los primogénitos tuvieron mejores puntajes que los nacidos segundos, que a su vez tuvieron mejores puntajes que los nacidos terceros, etcétera. Un incremento en el tamaño familiar usualmente indicaba un decrecimiento en desempeño en el test de Matrices Progresivas de Raven en cualquier orden de nacimiento específico. Por ejemplo, se espera que el tercer hijo de una familia con tres hijos tenga puntajes más altos que el tercer hijo de una familia con cuatro hijos, y que al tercer hijo de una familia con cinco hijos le vaya aún peor, y así sucesivamente.

Ha habido distintos acercamientos al tema con diversas conclusiones, desde el estudio de Belmont-Marolla y los estudios longitudinales,[3] que siguen a familias específicas a lo largo del tiempo y revelan que no hay relación entre el orden de nacimiento y el C.I. Sin embargo, se mantiene firme la tendencia de familias numerosas a engendrar niños con menor C.I. independientemente del proyecto de estudio. La *Hipótesis de la Mezcla*[4] explica supuestamente la relación causal entre el orden de nacimiento y el C.I. Los impulsores de esta hipótesis argumentan que otros factores, como el C.I. paterno o el nivel socio-económico, son los responsables tanto de las familias numerosas como de los bajos C.I., haciendo parecer en estudios transversales[5] que el orden de nacimiento provoca C.I. más bajos. En lugar de eso, es posible que las familias con miembros de menor C.I. tiendan a tener más hijos. Si esto es cierto, la media de C.I. para cualquier población dada debería bajar con el paso del tiempo. Sin embargo, las puntuaciones medias de test de C.I. están, de hecho, aumentando con cada nueva generación. [6,7]

De acuerdo al estudio de Galton, el orden de nacimiento podría afectar la eminencia porque sería más probable que los primogénitos tuviesen los recursos económicos para continuar con su educación; porque tendrían la ventaja de ser tratados como pares por sus padres, lo que acarrearía una mayor responsabilidad respecto de sus hermanos menores; y porque recibirían mayor atención y cuidados en familias con menos recursos económicos.

El *Modelo de la Dilución de Recursos*[8] ofrece una explicación sencilla tanto de los puntajes de C.I. de los primogénitos como de su preponderancia en la población académicamente distinguida. Se basa en tres hipótesis de partida: 1) los recursos de los padres son finitos; 2) los hijos adicionales reducen la cantidad de recursos recibidos por un hijo cualquiera dado; y 3) los recursos de los padres tienen un efecto significativo en el éxito académico de sus hijos.

El *Modelo de la Confluencia*[9] fue propuesto por R. B. Zajonc y Markus (1975-) y Zajonc (1976-2001), y explica la ventaja en C.I. que tienen los primogénitos respecto del entorno intelectual familiar en permanente cambio. Usa una fórmula sencilla para calcular las ventajas y desventajas relativas de varios factores como la competencia por la atención de los padres que experimentan los nacidos luego, lo que viene a explicar el hallazgo de Belmont-Marolla de que los primogénitos de familias pequeñas tienen mayor C.I. que los de familias más numerosas. Los primogénitos también se encuentran expuestos a una mayor cantidad de vocabulario adulto que sus hermanos, lo que afecta su desempeño en las escalas verbales de los test de inteligencia. La falta de madurez lingüística de los hermanos y hermanas menores también se corresponde con el hallazgo de que los hijos de familias más numerosas tienen C.I. más bajos.[10]

Los primogénitos (y los hermanos mayores en líneas generales) suelen contestar preguntas y explicar cosas a sus hermanos menores. Se cree que este acto de enseñanza ayuda a los niños más grandes a procesar la información a nivel cognitivo. Salvo raras excepciones, los hijos menores nunca tienen la oportunidad de enseñar a sus hermanos y hermanas, lo que explica por qué los hijos únicos no suelen tener un C.I. más elevado que los primogénitos.

Si resultase que los primogénitos tienen realmente C.I. superiores a sus hermanos, esto no debería ser significativo. Estudios recientes sugieren que la inteligencia no es el factor de mayor peso a la hora de lograr eminencia. Varios estudios indican que ciertas características de la personalidad, como la conciencia y la apertura a la experiencia, son hasta diez veces más importantes que el C.I. Además, en los estudios que muestran una ventaja estadísticamente significativa para los primogénitos, el orden de nacimiento solo explica un uno por ciento de la varianza en C.I. La ventaja de los primogénitos es pequeña: alrededor de un punto más que el segundo hijo, dos puntos más que el tercero, y así sucesivamente. Una diferencia minúscula de uno o dos puntos de C.I. en un test es irrelevante, ya que se encuentra dentro del margen de error y es altamente improbable que resulte un factor de peso a la hora de predecir la grandeza en cualquier actividad intelectual.[11]

Capítulo Tres

¿Genio creativo o psicótico?

Un genio es aquel que ha hecho una contribución significativa a la humanidad mediante el uso de su inteligencia y creatividad. La definición de un loco, sin embargo, es algo difusa. La idea de una correlación positiva entre el genio y la demencia es algo que ha fascinado a la gente desde hace tiempo, ya que los límites entre lo anormal y lo "supra-normal" son arbitrarios y poco claros. Una conducta excéntrica puede ser vista como una simple anomalía por unos, y percibida como locura por otros.

Dos características de los individuos psicóticos, la inhibición latente y la tendencia a fantasear, van de la mano con la creatividad. Ambas cualidades, junto a un cierto grado de inteligencia, juegan su papel en una teoría de cómo la creatividad y la psicosis están interrelacionadas. La poesía es indiscutiblemente una de las formas de arte creativo más elevada, y algunos de los poetas más creativos son aquellos que exhiben más signos de psicosis. La tendencia a fantasear puede ser equiparada a tener una "imaginación hiperactiva". Las alucinaciones auditivas y visuales son síntomas de gente propensa a la fantasía y no solo de esquizofrénicos y maníaco-depresivos. A veces es una ardua labor diferenciar a un psicótico de una persona altamente creativa, debido a la fuerte conexión entre esas características.

Los defensores del vínculo entre genialidad y locura apuntan a ciertos estudios realizados sobre eminentes figuras históricas que sufrieron de trastorno bipolar, como Vincent Van Gogh, Winston Churchill y Edgar Allan Poe. El ganador del Premio Nobel de Economía, John Forbes Nash, sufre de esquizofrenia tipo paranoide, al igual que el ya difunto poeta y escritor Jack Kerouac. También se ha estudiado a personas menos conocidas que sufren de enfermedades psiquiátricas para ver si son más creativas que el común de la población. En un estudio llevado a cabo por Hagop Akiskal, de la Universidad de Tennessee en los Estados Unidos, fueron testeadas 750 personas con depresión, trastorno bipolar y esquizofrenia, y se encontró que un diez por ciento de aquellos afectados mediana o severamente eran escritores o artistas creativos. Un estudio hecho en Dinamarca por Ruth Richards y Dennis Kinney reveló que la creatividad era significativamente más alta en los sujetos bipolares que en el grupo de control. Pero el Dr. Kenneth Lyen, pediatra del hospital Mount Elizabeth en Singapur, dice que "hay poca evidencia que apoye la teoría de un vínculo entre la creatividad y los trastornos bipolares, lo que no es lo mismo decir entre genialidad y locura"[12]. Luego, afirma que "para resumir, se puede usar un dicho modificado 'No hace falta estar loco para ser un genio, pero ayuda'".[13]

Esto trae a colación una pregunta interesante: ¿deberían tratarse con medicamentos todas las enfermedades mentales? Muchos artistas y científicos que sufren desórdenes psiquiátricos se rehúsan a tomar medicación porque afirman que apaga su creatividad; aunque algunos pacientes bipolares indiscutiblemente requieren medicación debido al peligro permanente de suicidio.

Ciertos tipos de discapacidad mental pueden llegar a tener efectos compensatorios. Los disléxicos, por ejemplo, compensan sus dificultades con el lenguaje incrementando sus procesos de percepción visual y creatividad. El cubista Pablo Picasso sufría de dislexia, al igual que el comediante y presentador hollywoodense Jay Leno. Los pacientes con manías ligeras pueden mostrar pensamiento acelerado, fluidez verbal, y ser muy buenos en juegos de palabras;

sin embargo, los individuos con manías severas pierden estos efectos positivos, "borrando" todo pensamiento productivo y creatividad. Algunos investigadores coinciden en señalar que el vínculo entre genialidad y un pequeño porcentaje de esquizofrénicos se reduce a un gen particular llamado DARPP-32: dopamina y fosfoproteína cíclica regulada por AMP, que funciona como neurotransmisor y que vincula la genialidad con la locura. Tres cuartos de cualquier grupo de personas dado heredan una versión del gen DARPP-32, que aumenta la capacidad cerebral de pensar al mejorar el procesamiento de información que ocurre en la corteza prefrontal, donde se orquestan los pensamientos y las acciones. El Dr. Daniel Weinberger, del Instituto de Salud Mental de los Estados Unidos, cree que el gen se vuelve una desventaja durante un episodio esquizofrénico severo.

Al comienzo del siglo XX, el psicólogo William James y algunos de sus contemporáneos pusieron énfasis sobre algunos de los aspectos positivos de ciertos desórdenes psicológicos, y especulaban que un intelecto lo suficientemente grande podía llegar a combinarse con un talento especial para formar una creatividad fuera de lo común. Las manías leves y las alucinaciones pueden combinarse para formar nuevos procesos de pensamiento creativo, e incluso se ha observado que elevan las puntuaciones en pruebas de C.I. La paranoia leve, al igual que la depresión no severa, pueden servir como "controles" ante excesos en el pensamiento y la acción, y también son poderosos aliados de la creatividad. Los investigadores y doctores en medicina Connie Strong y Terrence Ketter, de la Universidad de Stanford, descubrieron mediante el uso de test de personalidad y carácter que los artistas saludables se parecen más a las personas con depresión que al común de la población.

Durante las etapas tempranas de desórdenes mentales como la esquizofrenia suelen aparecer sentimientos de profunda introspección, y una sensación de conocimiento místico y experiencia religiosa. En el cerebro ocurren ciertos cambios químicos que tornan más receptivo a los estímulos del entorno al individuo. Los antiguos griegos creían que la inspiración creativa se alcanzaba mediante estados mentales alterados, una especie de "locura divina". El "demonio" creativo, especialmente en la poesía y el arte, ha sido considerado generalmente una parte de las "oscuras profundidades de la irracionalidad", mientras que al mismo tiempo mantiene una tenue conexión con la realidad.

Capítulo Cuatro

¿Somos más listos que nuestros ancestros?

James Flynn, profesor de Ciencia Política y Filosofía Moral en la Universidad de Otago en Dunedin, Nueva Zelanda, es uno de los principales teóricos psicológicos del mundo. En 1984, recibió un paquete de un académico en Países Bajos, que contenía los resultados de pruebas de C.I. de Matrices Progresivas de Raven. P. A. Vroon, el académico que envió el paquete a Flynn, no sabía cómo puntuar las pruebas, pero Flynn sí; y notó un enorme salto en los puntajes de los hombres holandeses con respecto a la generación anterior, con lo que decidió compararlos con datos de otros países. La respuesta era siempre la misma: los C.I. estaban aumentando dramáticamente. En 1994, los autores Hernstein y Murray acuñaron el nombre "Efecto Flynn" para referirse a la explicación de los C.I. en aumento en más de 30 países industrializados y en vías de desarrollo.

El profesor emérito, de 73 años de edad, descubrió que a lo largo del siglo XX el C.I. había aumentado a la increíble velocidad de tres puntos por década. Esta tendencia había sido pasada por alto por investigadores anteriores porque los C.I. siempre se calculan con respecto al puntaje promedio del grupo en cuestión. Por ejemplo, si el C.I. promedio es de 100 y una persona rinde con 20 puntos encima de ese promedio, su C.I. se calcularía como 120; pero si esa persona fuese comparada con el C.I. de una generación previa, su resultado sería de alrededor de 130. Flynn fue el primer investigador psicométrico en efectuar esta comparación a través de las generaciones. Descubrió que las ganancias más elevadas aparecen en pruebas de C.I. que miden la inteligencia fluida (gf) en lugar de la inteligencia cristalizada (gc). El epónimo Efecto Flynn muestra que el C.I. promedio en Estados Unidos en pruebas como las Matrices Progresivas de Raven parecía haberse elevado 15 puntos entre 1930 y 1980; y que, en todos aquellos países de los cuales existían datos, los C.I. habían estado aumentando.

Pero, ¿hasta qué punto miden las pruebas de C.I. la inteligencia en bruto versus la inteligencia de aprendizaje, versus algún otro factor correlacionado con la inteligencia? Los eruditos alrededor del mundo siguen investigando esta pregunta, pero el profesor Flynn cree que la hipótesis que mejor se adapta a los resultados de su estudio es que las pruebas de C.I. no miden la inteligencia, sino que más bien presentan una correlación con algún vínculo causal débil. Flynn asegura que el incremento en C.I. es, de hecho, un incremento en la capacidad de resolver problemas abstractos, más que en la inteligencia. Debemos, entonces, repensar a qué nos referimos exactamente cuando hablamos de inteligencia.

Dado que las poblaciones experimentan aumentos en el C.I. a lo largo del tiempo, las pruebas de C.I. deben re-estandarizarse constantemente para que los sujetos no sean puntuados contra normas imprecisas. El uso de normas obsoletas puede acarrear problemas, especialmente cuando se comparan puntuaciones de diferentes grupos y diferentes poblaciones. Una hipótesis ampliamente aceptada establece que la gente pierde inteligencia fluida con el paso del tiempo. En su libro *¿Qué es la inteligencia? Más allá del Efecto Flynn*,[14] el profesor analiza un misterio que ha desconcertado a los investigadores de C.I. por décadas: "¿Somos realmente más listos que nuestros ancestros?"

La gente mayor fue criada en una época en la que el nivel de inteligencia general era menor. El profesor Flynn mostró que si el C.I. de una persona se calibraba para el período en el que creció, una persona mayor tiene un puntaje igual de bueno al de una joven. La razón por la que a la población en envejecimiento no le va tan bien en las pruebas de C.I. como a la gente joven no es que las personas mayores sean estúpidas, sino simplemente que la joven generación tiene una ventaja desde el vamos.

El "efecto multiplicador" del profesor Flynn es parte integral de esta hipótesis. En pocas palabras, a mayor cantidad de adultos respecto de los niños (sobre todo si son adultos con alto C.I.), más probable es que los jóvenes se vean influenciados de manera positiva. Según Flynn, la hipótesis de que la descendencia de dos personas inteligentes es más propensa a tener más "genes buenos" para la inteligencia no explica de forma convincente el aumento astronómico en los C.I.

Uno esperaría que, con el paso del tiempo, los extremos opuestos de la campana de Gauss se estirasen, a medida que los humanos con los mayores y menores puntajes de C.I. se aparean y se reproducen. Aún más: los individuos con C.I. más bajos están teniendo más hijos que aquellos con C.I. más altos. ¿No se supone que esto *disminuya* el C.I. promedio?

Flynn ha abierto una caja de Pandora llena de

paradojas. Él cree que setenta y cinco por ciento del puntaje de una prueba de C.I. se debe a la crianza, y el veinticinco por ciento restante, a la naturaleza. Sin embargo, estudios han mostrado una fuerte correlación entre los C.I. de gemelos que fueron criados por separado, que es mayor que la de mellizos criados en el mismo hogar. El Efecto Flynn ilustra la dificultad de comparar los resultados de pruebas a lo largo del tiempo, pero dice poco o nada acerca de la validez de las pruebas dentro de una determinada generación.

El profesor Flynn cree que algunos de nosotros hemos alcanzado el límite superior de nuestras funciones cognitivas. Algunos factores incluyen la paternidad soltera y las bajas tasas de natalidad; y que nos hemos vuelto sencillamente "perezosos". Esta tendencia a la "idiotización" o nivelación para abajo ha afectado particularmente a Escandinavia, y no a otras naciones que se estudiaron entre los países en vías de desarrollo.

El letargo mental podría tener como consecuencias que los más inteligentes sean llamados a repensar el mundo moderno mientras se esfuerzan por funcionar a un nivel intelectual superior.

Capítulo Cinco

La Teoría de las Inteligencias Múltiples de Howard Gardner

En 1983, el psicólogo estadounidense Howard Gardner propuso una teoría que tenía como objetivo ampliar la definición tradicional de inteligencia. Él sentía que el concepto de inteligencia, tal y como había sido definido por las pruebas de C.I., era demasiado acotado para plasmar las diversas maneras en las que los seres humanos se destacan. La teoría de Howard Gardner era, en pocas palabras, que no poseemos una *inteligencia general* que controla nuestro pensamiento, sino más bien *múltiples inteligencias*, cada una de las cuales forma parte de un sistema independiente en nuestro cerebro. Su principal énfasis se encontraba en la gama de habilidades humanas que existen a lo largo de las culturas.

Cuando el libro *Marcos mentales: la teoría de las inteligencias múltiples* de Gardner fue publicado, parecía responder muchas preguntas de mucha gente, creando *perfiles cognitivos* individuales. Primero, identificó y nos presentó siete tipos diferentes de inteligencias, comenzando por la *inteligencia lingüística,* que él asocia a la sensibilidad respecto del orden y los significados de las palabras. Entran en esta categoría las personas con facilidad en los idiomas extranjeros, que son buenas leyendo, escribiendo y memorizando palabras, fechas y personas. Aquellos con *inteligencia lógico-matemática* son buenos con las abstracciones, el razonamiento inductivo y deductivo, y son muy aptos para los números. La lógica formal es controlada por la inteligencia matemática, mientras que las otras variantes de la lógica están bajo el control de la inteligencia verbal. La *inteligencia musical* es, lisa y llanamente, la habilidad de entender y crear música. El ritmo, la música y la audición son las claves de este tipo de inteligencia. Aquellos que están dotados de inteligencia musical suelen utilizar canciones o melodías para aprender o memorizar información, y pueden obtener su mejor rendimiento mientras escuchan la radio o un CD de música. Alguien con el don de la *inteligencia espacial* posee la habilidad de pensar en forma pictórica y de percibir el mundo con precisión, alterándolo o recreándolo tanto en su mente como en un lienzo. No es para nada sorprendente que genios artísticos como Picasso o Dalí encajen prolijamente en esta categoría. Muchos de los que poseen una alta inteligencia lógico-matemática son débiles a nivel espacial, y viceversa. Esto puede sorprender a algunos. La *inteligencia corporal-kinestésica* es la habilidad de usar el propio cuerpo para resolver problemas. Es la habilidad de coordinar los movimientos del cuerpo durante la actividad física. Entre aquellos que poseen esta inteligencia en gran medida podemos mencionar a mimos, bailarines, atletas (especialmente los basquetbolistas) y actores. La sexta y la séptima inteligencia en la lista de Gardner son similares, en el sentido de que ambas involucran la introspección y la comprensión de los otros. La mayor parte de nosotros tenemos la habilidad de percibir y entender a otros individuos en mayor o menor medida. La *inteligencia interpersonal* nos permite trabajar eficientemente con nuestros colegas y vecinos. Los docentes, vendedores, líderes políticos y religiosos, e incluso los trabajadores sociales, todos necesitan una inteligencia interpersonal bien desarrollada para ser buenos en lo que hacen. La última de las inteligencias múltiples originales de Gardner es la *inteligencia intrapersonal*. Nos permite entendernos a nosotros mismos y apreciar nuestros propios sentimientos, miedos y motivaciones. Este modelo nos ayuda a utilizar la información acerca de nosotros mismos para regular nuestras vidas.

En *Marcos mentales*, Gardner interpreta las inteligencias inter e intrapersonales casi como una unidad en virtud de su fuerte asociación en la mayoría de las culturas, pero opina que, de todos modos, tiene más sentido pensarlas como dos formas de inteligencia personal. Él cree que las siete inteligencias rara vez operan de forma independiente, tendiendo en cambio a complementar las otras habilidades, aumentarlas, y a resolver problemas.

Desde 1983, cuando Gardner listó sus inteligencias múltiples, ha habido discusiones acerca de la inclusión de otras "candidatas" a las siete originales. La *inteligencia naturalista*, o la habilidad de reconocer, categorizar y utilizar ciertas características del entorno, fue la única que Gardner juzgó digna de ser incluida en la lista con las restantes siete. Gardner excluyó a una posible *inteligencia espiritual* por su incapacidad, según él, de codificar criterios comparables a los de las otras inteligencias. La *inteligencia existencial* es la capacidad de reflexionar acerca de preguntas filosóficas concernientes a la vida, la muerte, y el sentido último de las cosas, y fue dejada de lado a causa de la falta de áreas identificables en el cerebro que se especializaran en esto. Por último, la *inteligencia moral* fue eliminada por ser más normativa que descriptiva.

Las críticas a la teoría de las inteligencias múltiples se centran en los criterios utilizados por Gardner. *¿Acaso todas las inteligencias involucran sistemas simbólicos?* ¿Cuándo y por qué se aplican determinados criterios? Howard Gardner admite que hay un juicio subjetivo involucrado. *¿Es consistente su conceptualización de la inteligencia?* Existen investigadores, estudiosos y, por supuesto, psicometristas que creen que la inteligencia es lo que se mide con las pruebas de C.I. Argumentan esto en virtud de una observada correlación entre la existencia de diferentes habilidades y un factor de inteligencia general "*G*" .Gardner cree que todavía no es posible saber hasta qué punto se correlacionan las inteligencias. Avances recientes, como el *modelo triárquico* de Robert Steinberg, comparten la desconfianza de Gardner por la teoría de la inteligencia estándar. El modelo triárquico, que comprende las facetas componencial (analítica), experiencial (creativa) y contextual (práctica) de la inteligencia, difiere de la teoría de Gardner casi en la misma medida en la que no tiene en cuenta el material particular de una persona. Las inteligencias musicales y corporal-sinestésica son vistas más como "talentos", ya que normalmente no son necesarias para adaptarse a los requerimientos de la vida. *¿Existe suficiente* *evidencia empírica para respaldar la conceptualización de las inteligencias múltiples tal y como la propone Gardner?* Se lo critica fuertemente porque la teoría deriva de su propia intuición y razonamiento, y no de una investigación empírica completa. No existe un juego de pruebas efectivo[15] para identificar y medir las diferentes inteligencias. Sin embargo, Gardner relativiza la importancia de las pruebas, ya que cree que solo sirven para etiquetar y estigmatizar a la gente.

Si bien hay interrogantes válidos acerca de la Teoría De Las Inteligencias Múltiples de Howard Gardner, se ha demostrado que esta es muy útil a nivel educativo. Los investigadores del Proyecto SUMIT ("Escuelas que usan la teoría de las inteligencias múltiples", o *Schools Using Multiple Intelligences Theory*, por sus siglas en inglés), bajo el mando de Mindy Kornhaber, examinaron muchas de estas escuelas y llegaron a la conclusión de que ha habido aumentos significativos en las puntuaciones de las pruebas SAT. Se ha juzgado útil la teoría de Gardner, en la medida en que ha ayudado a los docentes.

Incluyo una URL en la sección de referencias de la tercera parte del libro. Allí tomé una prueba de inteligencias múltiples hace algún tiempo. Dado que no sé cantar, bailar, tocar un instrumento, y que siempre he sido un pésimo atleta (y también un cascarrabias la mayor parte del tiempo durante los fríos inviernos en las colinas del centro de México, en donde vivo), mis puntajes no han sido todo lo buenos que me hubiese gustado que fueran. Tampoco Leonardo Da Vinci o Sir Isaac Newton hubiesen recibido calificaciones perfectas. No es por hacer comparaciones, pero de hecho estoy bien acompañado en ese sentido. Tome la prueba y vea qué tal le va. ¡No vale hacer trampa!

Capítulo Seis

La venganza de Moctezuma.
¡El chocolate puede aumentar su C.I.!

El pueblo de México ha cultivado el chocolate por miles de años, y han sido los responsables de su globalización. En idioma azteca o náhuatl, *Xocoatl* significa "agua amarga", siendo *xoco,* "amarga" y *atl,* "agua". Hernán Cortés, el conquistador español que derrotó a la nación azteca entre 1519 y 1521, llevó consigo muestras de chocolate de regreso a las cortes de Europa, en forma de granos de cacao. Los europeos endulzaron el chocolate y refinaron su proceso de fabricación. Se dice que Moctezuma consumía varios cálices de chocolate amargo antes de visitar su harén. De aquí que el chocolate haya sido conocido como un afrodisíaco desde su descubrimiento. El grano de cacao era usado por los aztecas como moneda de cambio, y a mayor chocolate se poseía, más rico se era. Hacia el siglo XVIII, esta deliciosa bebida y comida había llegado a los Estados Unidos, y así fue como el *chocolatl* se terminó de universalizar. Hoy por hoy, el chocolate es probablemente la golosina y postre más popular del mundo occidental.

El chocolate puede afectar los circuitos del placer en el cerebro y, por ende, no sólo sabe bien en la boca, sino que influencia ciertos circuitos cerebrales con su sabor. Varios estudios sugieren que consumir alimentos ricos en flavonoles, un nutriente natural presente en abundancia en el cacao fresco, puede mejorar el desempeño del cerebro en sus múltiples roles. Los científicos creen que estos beneficios pueden tener implicaciones importantes en el aprendizaje y la memoria, así como mantener un sano funcionamiento cerebral a lo largo de la vida. Esto es particularmente beneficioso para los adultos mayores, quienes suelen sufrir de demencia senil, y para otras personas que puedan haber estado en situaciones de las que salieron cognitivamente disminuidas, como la privación del sueño o la fatiga. El chocolate que se consigue habitualmente en comercios presenta baja cantidad de flavonoles. La empresa productora de las barras Mars, Mars Inc., produce actualmente barras de chocolate y cacao en polvo ricos en flavonoles. Otras compañías están siguiendo el ejemplo.

La doctora Henrietta van Pragg del Instituto Salk de Estudios Biológicos llevó a cabo un estudio acerca del efecto en ratones de la epicatechina, un tipo de flavonol. Los resultados muestran que el compuesto influyó en el hipocampo, una glándula en el cerebro que afecta la memoria. Cuando se añadió epicatechina a la dieta de los ratones, se reportó que los mismos mostraron mayor capacidad para recordar y atravesar un laberinto, comparados con ratones que no consumieron el compuesto.

Ha habido muchos estudios hechos alrededor del chocolate y sus beneficios para la salud en líneas generales. Se sabe que el chocolate libera fitoesteroles, una sustancia proveniente de las plantas similar a las hormonas sexuales, y también se ha descubierto que el chocolate negro provee antioxidantes y beneficios cardiovasculares. Ahora tenemos otra razón para darnos el gusto del chocolate: ¡nos vuelve más listos! El doctor Bryan Raudenbush, de la Universidad Jesuita de Virginia del Oeste, descubrió que comer chocolate con leche (mi preferido) puede aumentar el poder cerebral. Para medir los efectos de diversos tipos de chocolate en voluntarios del estudio, el Dr. Raudenbush los hizo consumir, en cuatro ocasiones distintas, 85 gramos de chocolate con leche, 85 gramos de chocolate negro, 85 gramos de *carob* (un grano similar al chocolate) y nada (para el grupo de control). Luego de un período digestivo de quince minutos, los voluntarios completaron una serie de pruebas neuropsicológicas y de computadora, diseñadas para evaluar el desempeño cognitivo. Esto incluía la memoria, la capacidad de atención, solución de problemas y tiempo de reacción. El Dr. Raudenbush y sus colegas descubrieron que los resultados conjuntos para las pruebas de memoria verbal y visual eran mucho más altos para los consumidores de chocolate con leche que para los demás. En su estudio, el Dr. Raudenbush midió a los voluntarios mediante el Perfil de Estados de Ánimo (POMS, por sus siglas en inglés) y el Índice de Carga de Trabajo de la NASA. Los investigadores creen que la digestión del chocolate ayuda al desempeño cognitivo mediante la liberación de glucosa y el posterior aumento en el flujo sanguíneo del cerebro. Algunas de las sustancias que posee el chocolate y que le dan ese empujoncito al cerebro son la teobromina, la feniletilamina y la cafeína. Todas ellas ayudan al cerebro a concentrarse y enfocarse.

Un estudio hecho por el profesor Ian MacDonald de la Universidad de Nottingham en Inglaterra, descubrió que el consumo de bebidas de cacao ricas en flavonoles –compuesto abundante en el chocolate negro– aumenta el flujo sanguíneo al cerebro durante dos o tres horas. El mayor flujo a estas áreas ayuda a mejorar el propio desempeño en ciertas tareas y aumenta la atención en líneas generales. El profesor MacDonald dice que "el alto consumo de esta bebida de cacao particularmente rica en flavonoles se asocia con un mayor flujo sanguíneo a la materia gris durante dos o tres horas."[16]

Según Jeannine Virtue, periodista independiente que escribe acerca de varios temas relacionados al TDAH (Trastorno con Déficit de Atención por Hiperactividad), la memoria, la depresión y el estrés, el chocolate negro es el mejor. Contiene varios estimulantes naturales (como la cafeína) que aumentan el enfoque y la concentración, tiene potentes propiedades antioxidantes y estimula la producción de endorfinas, lo que a su vez ayuda a mejorar el estado de ánimo. Indica que unos 14 gramos (media onza) de chocolate al día aportan más beneficios que el chocolate con leche o el chocolate blanco (que no solo no posee propiedades beneficiosas: además, ni siquiera es realmente chocolate, sino manteca de cacao, leche y azúcar). Según Virtue, los chocolates procesados no elevan realmente el poder cerebral.[17]

Parece ser que la única desventaja de comer chocolate es el (elevado) número de calorías que posee, por lo que se recomienda consumirlo con moderación. Ya sea que prefiera una infusión de chocolate con leche o una porción de chocolate negro, disfrútela diariamente en pequeñas cantidades. Para mí, no hay nada mejor que un desayuno con una pequeña *Carlos V*, una deliciosa barra de chocolate con leche oriunda de la tierra natal del *Xocoatl*. Me ayuda a comenzar bien el día y se siente genial al mismo tiempo.

Capítulo Siete

Los hombres listos son los hombres que ganan corazones

Todos reconocemos lo "sexy" cuando lo vemos - ¡claro que sí! No es difícil de detectar, ¿verdad?

Para tener una idea más objetiva, veamos lo que tiene para decir al respecto el diccionario de la Real Academia Española, en su vigésimo segunda edición: sexy (voz inglesa) 1. adj. Que tiene atractivo físico y sexual. *Es muy sexy.* 2. m. Atractivo físico y sexual. *Tiene sexy.*[18]

Entonces, hablemos de sexo... ¿de acuerdo?

Geoffrey Miller es un reputado profesor ayudante de psicología y psicólogo evolutivo en la tradición de Richard Dawkins, Daniel Dennett y Steven Parker. El profesor Miller ha trabajado en la Universidad de Nuevo México, Albuquerque, desde 2001.[19] Es conocido por su investigación acerca de la psicología evolutiva y la selección sexual, y afirma que nuestras mentes evolucionaron no solo como máquinas de sobrevivir, sino como máquinas de cortejar. Él cree que los mecanismos de la mente humana evolucionaron en un intento de atraer y entretener potenciales parejas sexuales, pasando entonces de una óptica "survivalista" de la evolución a una óptica centrada en el cortejo. Miller intenta exponer una manera de entender mejor los misterios de la mente, y para apoyar sus opiniones acerca de la evolución y la selección sexual escribió el libro *La mente del apareamiento: cómo la elección sexual encaminó la evolución de la especie humana.*

Miller, recordando la teoría darwiniana de que la selección sexual ha sido crítica en la evolución humana, enfatiza los aspectos auto-expresivos de la conducta humana, como el arte, la moralidad, el lenguaje y la creatividad. Las características del diseño adaptativo sugieren que estas conductas evolucionaron a través de la elección mutua de parejas reproductivas, no solo para ostentar inteligencia, creatividad y carácter moral, sino también salud hereditaria. Su teoría hace predicciones comprobables y echa luz sobre la condición humana en relación con nuestra cognición, motivación, comunicación, sexualidad y cultura; en fin, con nuestras costumbres.

Una de las conclusiones del profesor Miller plantea que los hombres con los C.I. más altos suelen ser considerados más atractivos, y también que tienen el esperma más saludable. Encabezó un proyecto de investigación centrado en un estudio de 400 veteranos de la guerra de Vietnam, quienes fueron sometidos a amplias pruebas mentales, y a quienes se solicitó muestras de esperma. Aquellos hombres que lograron los mejores puntajes en la batería de pruebas de inteligencia también contaban con el esperma más sano, mientras que aquellos a los que peor les fue en las pruebas de C.I. tenían un menor recuento de espermatozoides y muestras menos saludables. La conclusión general hecha por Miller fue que la calidad del esperma está directamente relacionada con la inteligencia o "calidad cerebral". Cree que ambas características evolucionaron juntas como una forma de mostrar genes saludables.

El lenguaje, la inteligencia, la auto-confianza, el humor, la amabilidad y la generosidad evolucionaron porque son cualidades que resultan atractivas al sexo opuesto. La aptitud física o la belleza juegan inicialmente un rol fundamental a la hora de atraer a una pareja, pero pueden degenerar rápidamente en esa apariencia de macho estúpido si la belleza es lo único que tiene uno para ofrecerle a una mujer. La receptora de estos esfuerzos por impresionarla puede sentirse decepcionada cuando se dé cuenta de que el atractivo individuo enfrente de ella es un "tonto". Por otro lado, *cualquier* mujer en busca de un "rapidito" o una aventura de una sola noche bien podría elegir a un hombre físicamente atractivo por encima de uno cualquiera con una belleza promedio, independientemente de las características positivas o negativas de su carácter. Las mujeres que eligen compañeros de vida basándose *exclusivamente* en la belleza son aquellas a las que suele considerarse *superficiales*, o carentes de sentido común.

Los aspectos auto-expresivos del arte, la moralidad, el lenguaje y la creatividad han demostrado ser engañosos respecto de su valor para la supervivencia, pero sus características adaptativas sugieren que evolucionaron a través de la selección mutua de parejas.

El humor, a pesar de no estar directamente relacionado con la inteligencia, suele ser considerado por muchas mujeres como el indicador de una mente aguda y, casualmente, muchas mujeres lo ven como un indicador de la honestidad de un hombre. Hablando desde el punto de vista del sentido común, es poco probable que un hombre amargado cause una buena impresión en una mujer. Un buen sentido del humor parece ser un requisito *sine qua non* para un compañero masculino.

De acuerdo con un estudio presentado el 1°
de abril de 2009 en la conferencia anual de la
Sociedad Psicológica Británica, las mujeres
consideran a los hombres graciosos más
inteligentes que sus contrapartes serios. En la
investigación, Kristofor McCarty, de la
Universidad de Nortumbria, les pidió a cuarenta y
cinco mujeres heterosexuales que calificaran una
serie de hombres basándose en descripciones
autobiográficas de cada uno. Aquellos hombres
que se describían a sí mismos de forma
humorística consiguieron puntajes
significativamente mejores que aquellos cuyas
descripciones eran carentes de todo humor.

Kristofor McCarty dijo: "Una mirada rápida
a la página de avisos sentimentales de un
periódico confirmará que las mujeres buscan
compañeros potenciales con un buen sentido del
humor; puede que nuestra investigación explique
el porqué de esto...

"Los resultados aportan evidencia de que las
mujeres utilizan el humor como un indicador de la
inteligencia de un hombre. La inteligencia es una
característica muy atractiva, ya que un hombre listo sería
en principio un mejor proveedor para su descendencia.
Pero tengan en cuenta, muchachos, que no sirve
cualquier chiste. Descubrimos que la humorada debe ser
genuinamente graciosa para que el hombre sea juzgado
como más inteligente."[20]

Mientras que las mujeres parecen preferir a un hombre que pueda hacerlas reír, los psicólogos sugieren que la cosa puede cambiar cuando se invierten los roles: los hombres no suelen sentirse atraídos hacia las mujeres graciosas.

Señoritas, pónganse los sombreros de pensar más tontos que tengan y consideren seriamente las indignantes implicaciones de todo esto. ¿Están dispuestas a pasar buena parte de su vida con un payaso inteligente, o preferirían a aquel vecino tonto y fortachón?

44

Capítulo Ocho

La frenología:
protociencia/pseudociencia

Durante los últimos años del Iluminismo, el médico austríaco Franz Joseph Gall (1758-1828) fue pionero en proponer la idea de que las diferentes funciones mentales están ubicadas en diferentes partes del cerebro (1796).[21] De esta forma, nació la frenología, cuyo nombre deriva del griego φρήν, *phrenos*, "mente", y λόγος, *logo*, que significa "palabra" o "razón". La obra de Gall, elocuentemente intitulada *La anatomía y fisiología del sistema nervioso en general, y del cerebro en particular*, difundió los principios de la frenología. El cerebro era el órgano responsable de las tendencias y las facultades, siendo cada parte responsable de una facultad mental específica. La teoría de Gall y de su colega Johann Spurzheim (1776-1832) fue esparcida por toda Europa y los Estados Unidos. En pocas palabras, esta teoría dice que las facultades morales e intelectuales son innatas, que el cerebro está compuesto de tantos órganos individuales como tendencias existen en la naturaleza humana y, más importante, que la forma de la cabeza o el cráneo representa la forma del cerebro, permitiendo apreciar el desarrollo relativo de sus diversos órganos. La controvertida teoría de Gall se centraba en la forma y tamaño de la cabeza y sus protuberancias. Inicialmente, propuso que había veintisiete órganos en la superficie del cerebro, que afectaban a su vez la forma de la superficie del cráneo. Según esta teoría, los miembros de la especie humana compartimos el instinto reproductivo, el instinto carnívoro y la tendencia al asesinato, al engaño, la vanidad, la "amatividad" (o sea el instinto del amor y la amistad), la circunspección, la memoria, el órgano de la religión, el de la perseverancia y la obstinación, etcétera. Spurzheim, quien fue responsable de acuñar el término *frenología*, aumentó esta colección hasta alcanzar los treinta y siete órganos, a fin de incluir las virtudes más populares de su tiempo. Este cuerno de la abundancia de instintos y tendencias fue detallado en las famosas "cabezas de porcelana" producidas alrededor de 1848 por la empresa Fowler and Wells de Nueva York.

La frenología creció rápidamente a comienzos del siglo XIX. En la cima de su popularidad, de 1820 a 1850, los médicos utilizaban el tacto del cráneo con las palmas de las manos o las yemas de los dedos como una técnica para determinar las aptitudes de un joven para una profesión determinada, o cuán probable era que un criminal reincidiera. También era una técnica usada comúnmente por los políticos y los protopsicometristas respectivamente para determinar la aptitud de un candidato a un cargo público (generalmente conocido de antemano) y la inteligencia de un individuo cualquiera. Gall cosechó adherentes en las comunidades científicas y políticas. Se lo veía como una suerte de salvador secular en un entorno dominado por filosofías variopintas, en un mundo donde los principales enemigos de la racionalización eran la religión, la subjetividad y la autocracia. Los impulsores actuales de la frenología sostienen que los "vendedores de aceite de serpiente" (o charlatanes) frenológicos de aquella época abusaban de "La Ciencia" –como la llaman sus seguidores modernos– mediante el uso de salones de frenología, más apropiados para manejos tales como la astrología o la quiromancia; y que esta lamentable práctica mancilló el buen nombre de la frenología, desacreditándola como ciencia verdadera.

La frenología dio a luz a otras escuelas pseudocientíficas como la craneología (clasificación de acuerdo a la raza, el temperamento criminal y la inteligencia), la antropometría (documentación de las características faciales de los criminales), la tipología (una clasificación del siglo XX del carácter de una persona basada en el tipo de sangre), y la psicognomía, una pseudociencia desarrollada por Paul Bouts (1900-1999), un científico y cura católico oriundo de Bélgica. Las ideas de Bouts estaban basadas en la tipología y la grafología, y su trabajo continúa al día de hoy a través de las Fundación PPP Holandesa (*Per Pulchritudinem in Pulchritudene*). En 1983, el psicólogo londinense Peter Cooper fundó la Compañía Frenológica de Londres, en un intento de reavivar el interés en la frenología.

A fines del siglo XIX y comienzos del XX se usaron aparatos tales como una pinza para medir el cráneo, cintas métricas y la máquina frenológica. La susodicha máquina funcionaba de la siguiente forma: el paciente se sentaba en una silla, en donde se hacía descender sobre su cabeza un casco con sensores e interruptores conectados, que medía las protuberancias en su cráneo, para finalmente imprimir 160 aseveraciones en una cinta de goma. Estas lecturas tempranas se usaban para determinar la personalidad e inteligencia del paciente. La máquina frenológica se encuentra actualmente en exhibición en el Museo de Aparatos Médicos Cuestionables, en Minneapolis, Minnesota, en los Estados Unidos.

Los frenólogos modernos creen que "La Ciencia" le da un nuevo significado al antiguo adagio que reza "conócete a ti mismo".

Capítulo Nueve

¿Es más inteligente la gente hermosa?

El Dr. Satoshi Kanazawa, psicólogo evolutivo de la Escuela Londinense de Economía, describió en su blog cómo varios experimentos a lo largo de los años han mostrado que la gente tiende a considerar a la gente hermosa más inteligente y competente que la menos atractiva.[22]

Muchos sociólogos y psicólogos sociales están convencidos de que los viejos adagios "La belleza es solo superficial" y "La belleza está en el ojo del observador" son ciertos. Desestiman la percepción popular de que la belleza posee una alta correlación con la inteligencia, tildándola de "prejuicio", "estereotipo" o el "efecto halo",[23] por carecer de basamentos fácticos. Sin embargo, la psicología evolutiva moderna ha demostrado que ninguno de esos aforismos es enteramente cierto.

La conclusión de que las personas hermosas son más inteligentes se alcanza a partir de cuatro presunciones:

1. los hombres más inteligentes tienden a alcanzar un mejor status social que aquellos que son menos inteligentes;
2. los hombres de alto status social tienden a formar parejas con mujeres más hermosas que los de status social más bajo;
3. la inteligencia es hereditaria;
4. la belleza es hereditaria.

Si estas cuatro presunciones con empíricamente correctas, de ello se depende lógicamente que la gente hermosa es, de hecho, más inteligente que sus pares menos agraciados.[24] La conclusión transforma a la correlación entre belleza e inteligencia en un teorema. Una preferencia femenina general por hombres inteligentes con altos ingresos potenciales, unida a una preferencia masculina general por las mujeres atractivas se transforma a lo largo del tiempo en covariantes.[25]

El teorema también dice que, en estudios de varias culturas, hay un consenso generalizado respecto de los juicios de belleza. De hecho, puede que esto sea cierto, ya que el grado de exposición a los medios occidentales parece no afectar la precepción de la belleza que tiene la gente. Por ejemplo, véase la diversidad racial y étnica de las ganadoras de las competiciones anuales de Miss Universo y Miss Mundo. Los estándares de belleza parecen ser innatos en lugar de arbitrarios, culturalmente específicos e idiosincráticos. Entonces, el teorema sostiene que los estándares de belleza son parte integral de la naturaleza humana –incluso los bebés parecen sonreír con mayor facilidad ante la sonrisa de gente físicamente atractiva. Los autores del teorema KK, Satoshi Kanazawa y Jody L. Kovar, nos dicen que existe un programa de computadora con la habilidad de promediar digitalmente caras humanas, asignándoles un puntaje de atractivo físico, y haciendo una correlación entre esos puntajes y otros, asignados por jueces humanos. La belleza, entonces, parece ser un atributo *objetivo* y *cuantitativo* de los individuos, como la altura o el peso.[26]

Además, según Kanazawa y Kovar, existe una correlación entre la belleza y la inteligencia a través del emparejamiento selectivo; los hombres más inteligentes suelen resultar más atractivos que los menos inteligentes, y las mujeres más atractivas suelen ser más inteligentes que las menos atractivas. Si la belleza y la inteligencia son heredadas de ambos padres, la correlación extrínseca entre belleza e inteligencia en los niños será aún más fuerte que si la inteligencia es hereditaria solo por el lado paterno y la belleza solo por el lado materno. Kanazawa y Kovar explican que la teoría es puramente deductiva, y no una descripción exhaustiva de una realidad compleja; por lo tanto, deja afuera muchas de las cosas que los autores establecen como hechos. Nos dicen que su teorema es puramente científico y lógico y, sin embargo, no es una indicación de cómo tratar o juzgar a otras personas. Aún más, una indicación conductista derivada de esa forma sería un ejemplo de la "falacia naturalista".[27]

Si estas presunciones constituyen lógicamente un teorema, los PhD, otras personas con educación de nivel superior y la mayoría de los judíos Ashkenazi deberían ser totalmente hermosos. Esta presunción, sin embargo, es uniforme y rígida, ya que estos grupos están en la misma escala de atractivo físico que el resto de la humanidad.

El Dr. Kevin Denny[28] cree que el teorema KK, dadas ciertas regularidades acerca del emparejamiento selectivo y la condición hereditaria de la inteligencia y de la belleza, resulta ser una falacia lógica, y que la teoría de que la gente hermosa es más inteligente es debatible. Denny afirma que, ya que el "status alto" cambia a lo largo del tiempo, lo que resultaba atractivo o inteligente para un Neanderthal, por ejemplo, es muy distinto a lo considerado atractivo e inteligente en el siglo XXI. Lo mismo ocurre con aquellas modelos de Goya y Rubens que posaban desnudas. En la industria del modelaje moderno, se las consideraría "demasiado gordas" o "faltas de atractivo". Dice el Dr. Denny: "La correlación de genes asociados con la belleza y la inteligencia puede ser complicada si los genes en cuestión son peitrópicos, o sea, afectan múltiples características fenotípicas".[29] La belleza cambia a lo largo del tiempo, y la industria del embellecimiento prueba que la gente más inteligente es más propensa a hacerse cirugías estéticas, simplemente porque suelen ser más adinerados.

Si es cierto que la gente atractiva tiene mayor autoestima que la gente poco atractiva, esto podría explicar sus salarios más elevados. La belleza percibida de un individuo, o su altura (como otro ejemplo) podría ser correlacionada con la autoestima. Por lo tanto, una apariencia agradable y la autoconfianza podrían llegar a tener efectos *independientes* en los salarios, y la *supuesta* inteligencia superior. En casos como este, la evidencia parecería indicar discriminación de parte del empleador, basada en sus gustos. La relación entre el atractivo y la inteligencia suele ser directa, pero altamente no lineal, ya que la asociación directa decrece y se adjunta en niveles medios de inteligencia.

Judit Polgár, una belleza de 33 años descendiente de judíos húngaros, alcanzó el título de Gran Maestro de ajedrez a los 15 años, en 1991. En aquel momento, fue la persona más joven en alcanzar ese título. Polgár es considerada la octava mejor jugadora de ajedrez del mundo, y la mejor jugadora mujer de la historia. Judit Polgár tiene un C.I. de 170. Dorota Rabczewska, alias Doda Elektroda, fue elegida en 2007 como la segunda mujer más hermosa de Polonia. Habiendo sido previamente cantante de la banda "Virgen", se volvió solista desde entonces. Cuando se unió a Mensa en 2004, su C.I. fue calculado en 156.

Albert Einstein viene a la mente enseguida como "contraejemplo" del teorema KK. Con su cabello largo, alborotado y gris, y su apariencia bufonesca, tuvo la confianza y el intelecto para convertirse en uno de los más grandes genios en la historia de la ciencia. ¿Habrá sido por su relativa falta de atractivo físico por lo que le "asignaron" un C.I. de "apenas" 160? Si bien la siguiente es una historia trillada y casi cliché, aplica los principios de la eugenesia: a George Bernard Shaw, dramaturgo irlandés ganador del premio Nobel de Literatura en 1925, le preguntó su amante, la bailarina Isidora Duncan: "Con mi cuerpo y tu cerebro, ¿no crees que un hijo nuestro sería una maravilla?". "Sí", contestó Shaw, "pero, ¿y si tuviera mi cuerpo y tu cerebro?"

La medición de la inteligencia y otras variables como la belleza, la altura, entre otras, es una investigación fundamental entre los psicólogos sociales tanto como entre los psicólogos evolutivos, que despierta el interés de los académicos y genera mucha controversia. La afirmación de Kanazawa-Kovar de que la gente hermosa es más inteligente es teóricamente sospechosa porque la evidencia no la apoya.

Capítulo Diez

¿Importa más la materia gris que la materia blanca?

Los cerebros del hombre y de la mujer difieren tanto en tamaño como en arquitectura y en sus funciones. Los hombres y las mujeres exhiben diferentes patrones de conducta porque sus cerebros están construidos a partir de planos genéticos muy diferentes. El cerebro está hecho principalmente de dos clases distintas de tejido nervioso, llamados *materia gris* y *materia blanca*. La materia gris es un tejido de color grisblancuzco, compuesto por células, dendritas (partes de las células nerviosas que llevan impulsos eléctricos al cuerpo de estas) y tejido de apoyo. La materia blanca es un tejido color blancuzco conformado principalmente por fibras nerviosas mielínicas. La mielina, que acelera la conductividad de los impulsos nerviosos, se halla alrededor de los axones (lugares de generación de los impulsos nerviosos) de ciertas fibras nerviosas y se forma en el sistema nervioso periférico.

Un estudio realizado en 2005 en la

Universidad de California, en Irvine, encontró que hay diferencias significativas en las áreas donde los hombres y las mujeres manifiestan su inteligencia. El estudio reveló que las mujeres tienen diez veces más materia blanca relacionada a las actividades intelectuales que los hombres, mientras que los hombres tienen seis veces y media más materia gris relacionada a las actividades intelectuales que las mujeres.

La materia gris representa centros de procesamiento de información tanto en los cerebros masculinos como en los femeninos, mientras que la materia banca sirve como la red de conexiones entre esos centros de procesamiento.

Algunas partes del lóbulo frontal, en donde ocurren las funciones de decisión y resolución de problemas, son proporcionalmente más grandes en las mujeres, al igual que la región que gobierna las emociones. Otros estudios han mostrado que el hipocampo femenino, una vasta área involucrada en la función de la memoria, también es proporcionalmente más grande. En las mujeres, un ochenta y cuatro por ciento de las regiones de materia gris, y un ochenta y seis por ciento de las regiones de materia blanca involucradas en el desempeño intelectual se encuentran en los lóbulos frontales del cerebro. Compárese al cuarenta y cinco por ciento y cero por ciento, respectivamente, de los hombres. La materia gris responsable del desempeño intelectual masculino se distribuye en un área mayor del cerebro, y es por esto que los hombres y las mujeres procesan la información de maneras muy distintas: los hombres piensan más con su materia gris, y las mujeres piensan más con su materia blanca. La inteligencia humana general parece estar relacionada al volumen de materia gris en ciertas regiones que están ubicadas a lo largo del cerebro, por lo que la existencia de un *único* "centro de la inteligencia" como el lóbulo frontal es altamente improbable.

Por otro lado, los hombres tienen la corteza parietal—zona del cerebro que procesa las señales de los órganos sensoriales y que está involucrada en la percepción espacial—proporcionalmente más grande que las mujeres. La región de la amígdala, que controla las emociones y la conducta social y sexual, también es más grande en ellos.

Los hombres tienden a obtener mejores resultados que las mujeres en tareas que involucren conciencia espacial, como la navegación y la rotación mental de objetos, y en las pruebas de razonamiento matemático. A las mujeres, en cambio, les va mejor a la hora de recordar posiciones en un plano, lo que desacredita su reputación como malas lectoras de mapas. Las mujeres también son mejores en la "inteligencia emocional". Cuando jóvenes, suelen tener más fluidez en el idioma que los muchachos, usan un vocabulario más extenso, tienen mejores habilidades de lecto-comprensión y se expresan lingüísticamente con oraciones más complejas que sus contrapartes masculinos. Los tradicionales roles del género femenino involucran características como ser afectuosas, cálidas, atentas y buenas en la crianza. En un fuerte contraste, las características masculinas suelen presentar tendencias agresivas, de dominación y asertividad. Nicholas Wade, del *New York Times* escribió:

"La mayor varianza masculina significa que, mientras que el C.I. promedio es idéntico en hombres y mujeres, hay menos hombres promedio que mujeres, y hay más hombres en los extremos. El cuidado de las mujeres a la hora de elegir pareja, combinado con la rápida selección gracias a la falta de una copia de resguardo de los genes X en los hombres, puede haber sido la razón de la divergencia entre los cerebros masculinos y femeninos. Algunos investigadores creen que los mismos factores podrían explicar por qué el cerebro humano triplicó su volumen en los últimos dos millones y medio de años."

Mientras que hay el doble de hombres que

de mujeres en el extremo derecho de la escala de inteligencia, en donde se encuentran los C.I. en el nivel de la genialidad, el extremo izquierdo de la escala, donde están los C.I. más bajos, también posee el doble de hombres que de mujeres. No hay una única estructura neuroanatómica que determine la inteligencia humana general (el factor G), ya que diferentes tipos de cerebro pueden tener resultados similares en las pruebas de C.I.

Mientras que los hombres (incluso aquellos de menor inteligencia) poseen una mayor confianza en su capacidad cerebral que las mujeres, ellas suelen subestimar el poder de sus mentes. ¡Aun las mujeres brillantes! El engreimiento y el orgullo extremo son características poco atractivas en los humanos, pero la confianza en uno mismo suele ser muy útil y admirable.

Como todos sabemos, las pruebas de C.I. se ocupan de una variedad de habilidades que se usan como vara para medir la inteligencia. Sin embargo, las pruebas de C.I. *no son* buenos indicadores de la inteligencia de *nacimiento* de una persona, ya que los puntajes pueden variar de un test a otro. Los resultados pueden aumentar o disminuir a medida que envejecemos.

Capítulo Once

¿Son más listas las personas vespertinas?

¿Acaso se equivocó Benjamín Franklin cuando dijo que "acostarse y levantarse temprano vuelven a un hombre sano, adinerado y sabio"?

¿Cuándo es usted más productivo: durante la mañana, la tarde o la noche? Si usted no es una persona matutina, no se desanime. Estudios recientes sugieren que los "búhos nocturnos" son más propensos a ser creativos y a tener ideas brillantes, así como una buena dosis de pensamiento lateral. Los científicos no logran explicar del todo por qué la gente vespertina parece ser más creativa, pero sugieren que puede deberse a la flexibilidad o capacidad de adaptación necesaria para vivir de una manera distinta al convencional estilo de 9 a 5. Las personas vespertinas divergen en su experiencia de vida gracias a su inclinación por vivir fuera de las normas. Puede que esto aliente el desarrollo de un espíritu no convencional, y la habilidad de encontrar soluciones alternativas y originales.

Mariana Giampietro y su colega G. M. Cavallera, ambos del departamento de Psicología de la Universidad Católica del Sagrado Corazón en Milán, llevaron a cabo un estudio que evaluó a 120 hombres y mujeres de diversas edades en ejercicios de pensamiento creativo. Los búhos nocturnos arrasaron con una serie de pruebas, mientras que los matutinos y los términos medios tuvieron dificultades para puntuar por arriba del cincuenta por ciento. El test consistía en un cuestionario que evaluaba grados de predisposición matutina y vespertina. Primero se les pedía a los sujetos de prueba que dibujaran e intitularan una imagen. En la segunda actividad, "formas incompletas", se les pedía que añadiesen líneas para crear imágenes a partir de líneas rectas y curvas, y que las titularan. Finalmente, se les mostró 30 pares de líneas verticales y se les pidió que crearan una imagen y le pusieran un título. Giampietro y Cavallera descubrieron que la edad no disminuye la creatividad. "Nuestro estudio avala la noción de que las características creativas persisten en las personas de edad", escribieron.

Hans Van Dongen, profesor investigador asociado en el Centro de Desempeño y Sueño de la Universidad del Estado de Washington, fue uno de los científicos que descubrió la explicación biológica para la diferencia entre los matutinos y los vespertinos. Él y sus colegas descubrieron que un pequeño grupo de células cerebrales, llamadas núcleo supraquiasmático, emite señales al cuerpo, sincronizando la hora del día. Este reloj biológico está adelantado dos horas en las personas matutinas, y retrasado cuatro en las vespertinas. Este reloj interno puede ser explicado en parte por la genética, lo que resultó ser un hallazgo inesperado respecto de la creatividad como factor biológico, sobre todo para los búhos nocturnos.

Van Dongen sugiere que las personas vespertinas pueden ser más extrovertidas que las matutinas. Voltaire, una de las grandes mentes de la humanidad, era conocido por dormir hasta tarde. Otros nocturnos incluyen a los novelistas James Joyce y Marcel Proust, y al ex-primer ministro británico Winston Churchill.

Alrededor de un treinta y cuatro por ciento de los adultos estadounidenses se acuestan pasada la medianoche, mientras que un treinta y dos por ciento de los europeos hace otro tanto, y un cuarenta por ciento de los adultos asiáticos sigue despierto en las primeras horas de la madrugada. Muchos búhos nocturnos han desafiado los juramentos morales de la sociedad, respaldados por la ciencia, y algunos de sus problemas severos, como el "Desorden de fase de sueño atrasada" no son solo peculiaridades sino síntomas genéticos. Este desorden se caracteriza por una dificultad extrema para dormir antes de que el reloj biológico así lo indique. Los peores casos no pueden dormir antes de las 6 de la mañana, y tienden a despertarse a las 10 de la mañana, o más tarde aún.

Dependiendo de la personalidad y el entorno de uno, un horario de trabajo matutino puede no ser lo ideal para aquellos de nosotros que experimentamos un surgimiento de actividad mental tarde en la noche. Es importante descubrir qué funciona mejor para usted; aquellos de ustedes que no están acostumbrados a levantarse temprano pueden ser más productivos si aprovechan las tranquilas horas vespertinas. Sin embargo, el dormir hasta tarde puede acarrear cansancio y días desperdiciados, si no se lo maneja adecuadamente. Dormir demasiado es un hábito poco saludable, y es peor a medida que uno envejece. La maximización de la productividad creativa está influenciada por los picos naturales de los ciclos de energía personales, y la edad no es una excepción a esto. Investigadores de la Unidad Ambiental Epidemiológica del Hospital General de Southampton descubrieron, en un estudio realizado a 129 hombres y mujeres de más de 65 años, que los nocturnos tienen los ingresos más altos, el mayor acceso a automóviles y hasta la mayor cantidad de baños techados.

Los adolescentes tienden a ser nocturnos. Los fines de semana, cuando la presión del trabajo o la escuela deja de ser un factor a considerar, los adultos en edad laboral se despiertan en promedio una hora más tarde, mientras que los adolescentes pueden dormir varias horas más, despertando alrededor de las 10 de la mañana, y a veces mucho más tarde.

Entonces, ¿qué significa esto para el ciudadano promedio (o no tanto, como usted y como yo)? ¿Deberíamos intentar alterar nuestro reloj biológico para adaptarnos a una rutina desde el mediodía hasta las 4 de la madrugada, o deberíamos sencillamente ser productivos utilizando nuestra "creatividad nocturna" durante la mañana, la tarde, o el horario que nos resulte más práctico y conveniente? ¿No deberíamos acaso dejar establecido nuestro reloj despertador biológico en nuestro nivel personal de comodidad y relajarnos, para dejarle a nuestro cerebro el trabajo de ser creativos? Estamos condenados al éxito.

Capítulo Doce

Dumbo no es tan tonto, ni lo es Koko, ni lo era Alex

En 1911, el psicólogo estadounidense Edward Lee Throndike actualizó los estudios que había comenzado en 1898 y los publicó en un solo volumen: *Inteligencia animal: estudios experimentales.* Partió de la hipótesis de que el pensamiento racional y la capacidad de idear de los humanos era simplemente una extensión de la inteligencia animal. Los conceptos, los sentimientos de relación, la asociación por semejanza e inclusive la razón misma devenían de un simple aumento en la cantidad, delicadeza y complejidad de las asociaciones. Throndike continuó examinando la curva de aprendizaje de monos, buscando evidencias de la habilidad de aprender por imitación o por inferencia. Concluyó que había más bien poco apoyo a la hipótesis de que los monos fuesen capaces de imitar o de razonar.

Los tiempos han cambiado. El reino animal

ha sufrido una suerte de "sacudón". Hace ya un tiempo que los monos, los grandes simios y los delfines son considerados los únicos animales – además del ser humano– con inteligencia suficiente para ser "racionales". Aun teniendo en cuenta la famosa memoria y capacidad de aprendizaje del majestuoso elefante, el grueso de los animales es considerado nada más que "simios" o "loros", es decir, imitadores en lugar de pensadores.

No hace falta ser un zoólogo o un psicólogo animal para saber que los animales son "listos", ¿pero realmente piensan? De ser así, ¿son sus pensamientos similares a los nuestros? ¿Poseen aquellos animales que evolucionaron de una forma anterior un nivel de inteligencia social superior? La respuesta pareciera ser un obvio "¡Sí!". Pero va mucho más allá de la simple interacción humano/animal. En un experimento con perros y lobos, los investigadores descubrieron que aquellos criados bajo las mismas condiciones eran incapaces de realizar la tarea imposible de abrir un contenedor con carne. Está de más decir que esto no sorprendió a los investigadores. Los perros acababan por sentarse, rogándoles a sus amos, mientas que los lobos intentaban obstinadamente abrir los contenedores, ¡realmente una sorpresa! Los lobos se valen por sí mismos en la naturaleza, pero los perros no duran mucho bajo las mismas condiciones. La interacción con los humanos está metida en el código genético de los perros, haciendo que la frase "el mejor amigo del hombre" sea cierta, tanto a nivel biológico como social. Los lobos son inteligentes en un entorno que no requiere intervención humana, mientras que los perros son más listos en un nivel social con toda una gama de especies. Los perros son buenos socializadores, pero su poder de pensamiento lógico es limitado.

La gorila Koko es un excelente ejemplo de la racionalidad en los animales, al igual que lo era Alex, el loro gris africano que murió recientemente. Él tenía un vocabulario de unas cien palabras que combinaba espontáneamente para responder preguntas y pedir cosas. Podía nombrar colores, formas, contaba objetos y realizaba sumas sencillas. Lo hacía para complacer a su entrenador y a la audiencia, pero cuando se cansaba de ser el centro de la atención respondía a las preguntas con todas las respuestas posibles menos la correcta, frustrando a sus entrenadores con esta indicación de su deseo de volver a la jaula. Koko, una gorila hembra de 36 años, ha conseguido dominar más de mil palabras basadas en el Lenguaje Americano de Señas, y es capaz de comprender alrededor de 2000 palabras habladas.

Lisa Parr, del Centro de Neurociencia del Comportamiento en la Universidad Emory, en Georgia, Estados Unidos, notó que el hemisferio cerebral derecho de los chimpancés se calentaba cuando eran expuestos a clips de películas de terror, y que el hemisferio izquierdo se entibiaba cuando se les mostraba programas de televisión alegres y cálidos. La señorita Parr colocó aparatos de medición en los oídos de los animales para tomar sus lecturas.

El reconocimiento de uno mismo siempre ha sido un signo de inteligencia, ciertamente a un nivel básico, pero un indicador válido de todos modos. Hasta hace poco, la mayoría de los científicos creía que los animales eran incapaces de reconocer un reflejo de ellos mismos. Diana Reiss y Lori Marino llevaron a cabo un estudio sobre Presley y Tab, dos de los delfines nariz de botella de la Sociedad Protectora de la Vida Silvestre, para ver si podían reconocerse a sí mismos en un espejo. El Laboratorio Marino Osborne, en el Acuario de Nueva York, fue el lugar elegido para el experimento. Se utilizó una pintura inolora para dibujar líneas en los cuerpos de Tab y de Presley, para constatar si podían sentir las marcas en su cuerpo. Resultó ser que los delfines se miraban en los espejos para examinar las partes de sus cuerpos que no podían ver de otro modo. Reiss y Marino llegaron a la conclusión de que los delfines son los primeros animales además de los primates en poseer la habilidad del auto-reconocimiento.

Los perros pastores tienen un lenguaje reconocible que es, en muchos aspectos, tan complejo y diverso como la comunicación humana. Los animales pueden advertirse entre ellos acerca de predadores en las proximidades, o simplemente "charlar" para pasar el rato. Con Slobodchikoff, de la Universidad de Arizona del Norte, quien descubrió el lenguaje de los perros pastores, asegura que los animales utilizan a veces sonidos como "adjetivos" y "verbos" para armar oraciones completas. Utilizando un micrófono y una computadora, Slobodchikoff graba la cacofonía y luego interpreta los sonogramas. Puede entender algunos ruidos como "halcón" o "perro", pero se basa en la computadora para llevar a cabo una traducción completa.

En julio de 2003, un programa de televisión en el Canal de Viajes hizo un ranking de los diez animales más listos en orden ascendente: la ardilla, el calamar, el cuervo, el perro, el cerdo, el loro, el elefante, el mono, el delfín y el simio. ¿Tiene alguno de estos animales conciencia de sí mismo? ¿Piensan acerca de su futuro o de su destino? Y si es así, ¿se consideran superiores o inferiores a nosotros, o como nuestros pares?

Estas grandes preguntas deben ser examinadas para que la gente razonable y responsable pueda erradicar la crueldad animal en los experimentos. ¿Podemos nosotros, como "animales humanos" conscientes, lograr hacer una diferencia en este sentido?

Capítulo Trece

El "Efecto Mozart"

La relación entre la música y la inteligencia humana viene desde los descubrimientos clásicos de Pitágoras. Uno de los hallazgos más recientes es el "Efecto Mozart".[30] El Efecto Mozart, término que ha sido popularizado por los medios impresos y audiovisuales, ha renovado el interés por la educación musical clásica.

La Dra. Frances Rauscher y sus colegas descubrieron que, luego de escuchar durante diez minutos la sonata para dos pianos en Re Mayor K 448 de Mozart, un grupo de estudiantes universitarios logró puntajes entre ocho y nueve puntos superiores en pruebas de C.I. espacio-temporal que los que habían logrado en períodos de relajación, concentración o silencio. El efecto aumentativo del C.I. no duró más de diez o quince minutos. Algunos psicólogos no pudieron reproducir el efecto, mientras que otros confirmaron el aumento en el C.I. Rauscher ha enfatizado que el Efecto Mozart se limita al razonamiento espacio-temporal y que no acarrea beneficios para la inteligencia general. Una explicación de los resultados obtenidos luego de escuchar esta música podría relacionarse con la forma en que la música y las imágenes espaciales son procesadas en el cerebro. Estudios de emisión de positrones y escáneres de resonancia magnética mostraron que escuchar música activa una amplia serie de áreas del cerebro. Los resultados de varios tipos de pruebas relacionadas al razonamiento espacio-temporal mostraron que las regiones prefrontal, temporal y precuña del cerebro están involucradas en el procesamiento de la música.

En estudios hechos a niños de preescolar, de entre tres y cuatro años, se determinó que aquellos que habían recibido clases de teclado musical durante seis meses, en las que estudiaban intervalos de afinación, técnicas de digitación, lectura musical, notación musical y cómo tocar de memoria, tuvieron un desempeño un treinta por ciento mejor que otros niños de la misma franja etaria, a los cuales se impartieron clases de computación durante seis meses, o que quienes no recibieron un entrenamiento especializado. Al igual que antes, la mejora estuvo limitada al razonamiento espacio-temporal, y no afectó el reconocimiento espacial. El efecto se mantuvo sin cambios durante veinticuatro horas, y la duración

74

extendida se atribuyó a la longitud de la exposición a la música y a la elasticidad de los cerebros jóvenes. Suele reconocerse que la mejora en el razonamiento espacio-temporal en los niños luego de entrenarlos en piano es la responsable de su posterior habilidad superior para las matemáticas.

E. Glenn Schulenberg, de la Universidad de Toronto en Mississauga, ofreció clases de canto o piano gratuitas en el Conservatorio Real de Música para los niños de seis años del área de Toronto. Un tercer grupo de niños recibió clases de teatro, mientras que a otro grupo más no se impartió ningún tipo de clase especial. Antes de comenzar el estudio, se midió el C.I. de los participantes utilizando la escala completa Weschsler de Inteligencia para Niños (WISC, por sus siglas en inglés). Luego de la prueba, los niños comenzaron su primer año de escuela, y se los separó en sus correspondientes grupos asignados. En un momento entre primer y segundo grado se los volvió a evaluar. Todos los estudiantes mostraron un incremento en su C.I. de al menos 4,3 puntos en promedio. Schulenberg atribuyó este resultado exclusivamente a la escolarización. Sin embargo, los niños que recibieron clases de piano o de canto mostraron un incremento superior en sus puntajes: de siete puntos respecto del año anterior. En otras palabras, de dos a siete puntos más que los niños que tomaron clases de teatro, o los que no tomaron clases especiales.

El incremento en el C.I. fue pequeño pero significativo, en el sentido de que la investigación canadiense mostró que el efecto de la música (el "Efecto Mozart") es, según Rauscher, válido para la inteligencia general, y no solo para la espacio-temporal. El anterior trabajo de Raucher tendía a focalizarse en esta inteligencia en particular y a excluir el posible efecto de aumento de C.I. en la inteligencia general. Rauscher está convencida de que el conocimiento musical, específicamente la capacidad de traducir símbolos en sonidos, puede ser transferible a otras habilidades, ya que comparten caminos neurológicos similares. Tanto Rauscher como Schulenberg están de acuerdo en que la educación musical debería estar al alcance de los niños como parte del programa escolar.

El Dr. Gordon Shaw, un colega de la Dra. Frances Rauscher, cree que la música es la ventana a las altas funciones cerebrales. Está convencido de que la música puede ayudarnos a comprender cómo funciona el cerebro, y muestra de qué manera la música puede afectar en forma positiva nuestros modos de razonar y de crear. En su libro *Teniendo en mente a Mozart*,[31] Shaw ofrece al lector una mirada en profundidad sobre sus veinticinco años de investigación acerca de la música y el cerebro, e incluye información clave de un libro anterior suyo, así como de obras de otros científicos.

El médico y biólogo Lewis Thomas llevó a cabo un estudio sobre los trabajos de licenciatura de estudiantes que aplicaban para entrar en la facultad de Medicina. Descubrió que aquellos con formación musical estaban en el percentil más alto de los admitidos, con un sesenta y seis por ciento de aprobación – ¡el porcentaje más alto de cualquier grupo! – En comparación, apenas un cuarenta y cuatro por ciento de los licenciados en bioquímica que se presentaron fue aceptado. En un estudio separado, sobre 7500 estudiantes universitarios, se reveló que los licenciados en Música tenían los puntajes de lectura más altos de todos los licenciados, incluyendo los especialistas en Inglés, Biología, Química y Matemática. Un estudio llevado a cabo en la Universidad de Texas, que tomó a 362 alumnos ingresantes, descubrió que los licenciados en Música, o aquellos con formación musical, eran capaces de manejar la ansiedad y los problemas relacionados con la bebida y eran más sanos emocionalmente que sus contrapartes no músicos. También tenían mayor confianza en sí mismos antes y durante las evaluaciones.

Los mejores países del mundo a nivel académico otorgan un alto valor a la educación musical, siendo Hungría, Países Bajos y Japón los que llevan la punta a nivel tecnológico. Este énfasis en la educación musical a lo largo de la vida académica de los jóvenes parece ir en contra del fuerte énfasis que, en los Estados Unidos, se pone en la matemática, la ciencia, el vocabulario y la tecnología.

Es necesario recalcar que la relación entre inteligencia superior y educación musical se observa a la hora de crear música, y no solamente ante la escucha pasiva. De hecho, la participación es lo que provoca el aumento en el poder cerebral. Los mejores ejecutivos del mundo de los negocios tienden a estar de acuerdo en que la educación musical y artística puede ayudar a subsanar las debilidades del programa escolar, y a preparar mejores trabajadores para el siglo veintiuno.

Capítulo Catorce

Personalidad y creatividad:
extroversión versus introversión

Los científicos sociales creen que la introversión y la extroversión son formas básicas de responder a nuestro entorno, producidas por la influencia poligenética y la interacción.

De acuerdo con Carl Gustav Jung (1875-1961), psiquiatra suizo y fundador de la psicología analítica, un introvertido es, en pocas palabras, alguien sensible que supedita constantemente sus pensamientos y acciones al auto-análisis y la crítica. Tiende a ser callado, de bajo perfil, meticuloso y alejado del mundo social. El introvertido es un solitario que prefiere el mundo de la fantasía y la imaginación. Jung acuñó también el término "extroversión" (o "extraversión"). El extrovertido, opuesto polar del introvertido, es asertivo, más abierto, otorga un mayor valor al mundo objetivo y, en general, participa de la vida social y los asuntos prácticos en lugar de ocuparse de los sueños y la soledad autoimpuesta.

Jung se refería a la libido como la actividad general y la voluntad del individuo, separándola de la connotación sexual que le otorgaba Sigmund Freud.[32] Los extrovertidos pierden fácilmente el control sobre la libido, dejándose llevar más allá de un límite seguro, cuando sus sentimientos están en juego. Los introvertidos extremos, por el contrario, son susceptibles de sucumbir a fantasías que otorguen satisfacción libidinal y que ofrezcan más sentido que la realidad objetiva. La introversión severa es una característica del autismo y de algunas formas de esquizofrenia. A pesar de que todos tenemos tendencias en ambos sentidos, Jung no clasificaba estrictamente en términos de introvertido-extrovertido.

Ambos polos tienen sus ventajas y sus desventajas. El introvertido suele estar cómodo con sus sentimientos mientras se encuentra solo. Menos conspicuo que el bullicioso y alegre extrovertido, es menos susceptible a la vergüenza y a la crítica que su contraparte. Exhibe una tendencia a disfrutar de conversaciones profundas, le resulta más fácil meditar y es menos inquieto que su contraparte. El introvertido suele ser más hábil a la hora de divertirse solo, mantenerse ocupado y ser productivo.

Los aspectos positivos de la extroversión son la tendencia general a tener más amistades y conocidos que el introvertido. En estudios publicados en el Periódico de la Personalidad y la Psicología Social, el Dr. William Fleeson, PhD. y profesor asociado de Psicología en la Universidad de Wake Forest, encontró que actuar de forma extrovertida hace que la gente se sienta más feliz, inclusive aquellos que son realmente introvertidos.[33] Hay quienes creen que la extroversión es el camino al crecimiento personal, mientras que otros están seguros de que el progreso se consigue únicamente mediante la introversión y la soledad. La gente creativa manipula el *continuum* introversión-extroversión para aumentar sus talentos. "De todas las actividades humanas, la creatividad es la que más se acerca a ofrecer la realización que todos esperamos conseguir... La creatividad es la fuente central de sentido en nuestras vidas. La mayoría de las cosas que son interesantes, importantes y humanas, son el resultado de la creatividad."[34] Mientras sea activamente creativo, el individuo se sentirá plenamente vivo y capaz de adaptarse a la tarea de ser productivo en casi cualquier situación. La creatividad es una característica personal y no está necesariamente relacionada con genes superiores, sino más bien con una mente muy enfocada. La creatividad, que se aprende mediante prueba y error, es una estrategia para lograr objetivos.

Las personas creativas suelen estar dotadas de una inteligencia superior, aunque muchos psicólogos creen que existe un límite debajo del cual la creatividad excepcional es rara, y encima del cual la creatividad de una persona no es significativamente distinta de la de sus pares menos dotados. La mayoría parece estar de acuerdo en que el número mágico es 120 de C.I. Sin dudas, aquellos que "ven más allá" lo hacen por estar "parados en los hombros de gigantes".[35]

A lo largo de la historia, los innovadores han sido genios creativos; son la fuente del arte y del lenguaje moderno, y de los descubrimientos científico-tecnológicos.

Es difícil decir si uno es, de hecho, más introvertido o extrovertido. Tuve hace poco una entrevista telefónica con el psicometrista autodidacta Dr. Greg A. Grove, quien tiene un PhD. en Educación y es profesor de Historia de la Música en el colegio Santa Rosa en California del Norte. El Dr. Grove es el autor de un test llamado la Escala I-E,[36] que fue diseñado para determinar el tipo de personalidad (introvertido/extrovertido) y al mismo tiempo dar al examinado una semblanza de su creatividad y su C.I. estimado.

82

El Dr. Grove construyó una escala predictiva de puntajes de C.I. en bruto, para cubrir el rango de 115 a 150. La Escala I-E está formada de doce afirmaciones, aparentemente inocuas, ordenadas en tres secciones de cuatro preguntas cada una. Se le pide al examinado que indique en qué grado se le aplica cada afirmación en una escala del 0 al 5, siendo el 0 "Nunca aplica" y el 5 "Casi siempre aplica". Luego, la escala es auto calificado, y se explican las tendencias a la introversión y extroversión emocionales y del pensamiento. El rango de C.I. se predice con la tabla B. Entre todos aquellos que participaron en el estudio de Grove, el C.I. promedio fue de 138.8, con una mediana de 137 de C.I.

Escuché hablar del test y decidí probarlo. Hice la Escala I-E antes de hablar con el Dr. Grove, y los resultados se condijeron con otros tests similares que ya había tomado, como el Ordenador de Temperamento de Keirsy[37] y el Test de Tipologías de Jung.[38] Mis tendencias generales hacia la introversión y la extroversión eran, de hecho, similares. El "truco" parece ser no intentar ningún truco, y responder las preguntas lo más honestamente posible.

Aunque los introvertidos han mostrado tener ventajas sobre los extrovertidos respecto de la memoria a largo plazo y la resolución de problemas, las personas verdaderamente creativas tienden a ser tanto introvertidas como extrovertidas, y los extremos puros son raros de encontrar, ya que la mayoría de nosotros somos *ambivertidos*, con una disposición intermedia balanceada entre la extroversión y la introversión. La Escala I-E y el Test de Tipologías de Jung son muy diferentes en su longitud. La Escala I-E hace las preguntas correctas, es breve, informativa y entretenida. Le sugiero tomar ambas pruebas para continuar su viaje de autodescubrimiento. No hay nada que pagar.

Capítulo Quince

Un resumen de las redes neuronales

El propósito de este ensayo es ofrecer al lector una definición general de las redes neuronales artificiales: su funcionamiento, sus aplicaciones, y unas pocas palabras acerca de los avances que el futuro traerá en esta área.

Las redes neuronales artificiales son emulaciones del aparato de resolución de problemas más poderoso y sofisticado jamás creado: el cerebro humano, una vasta red de elementos de procesamiento y células nerviosas. El concepto de las redes neuronales data del siglo XIX, y es un intento de describir cómo funciona la mente humana. Aún hoy, el cerebro humano es mayormente un misterio sin resolver; es mucho todavía lo que se desconoce acerca de cómo se entrena a sí mismo y procesa información. El cerebro humano ha sido una fuente de inspiración para la *inteligencia artificial*, desde los comienzos de la era informática. Gracias al avance de las técnicas modernas de neuroimágenes,[39] podemos ver su interior y medir su creatividad.

Una *red neuronal humana* es un sistema interconectado de neuronas ubicado en el cerebro o en otras partes del cuerpo. En el cerebro humano, una neurona recoge señales de otras (mayormente células cerebrales) a través de un conjunto de finas estructuras, las *dendritas*.[40] La neurona envía picos de electricidad a través de una fibra larga y fina llamada *axón*,[41] que se multiplica en miles de ramas. Al final de cada una de esas ramas, hay una *sinapsis*,[42] que convierte la actividad del axón en efectos eléctricos, e inhibe o excita dicha actividad, lo que a su vez inhibe o excita la actividad eléctrica en las neuronas conectadas. Cuando una neurona recibe estímulos suficientemente poderosos en comparación con su entrada inhibitoria, envía un pico de actividad eléctrica a través del axón. El aprendizaje ocurre al cambiar la efectividad de las sinapsis, de forma tal que la influencia de una neurona afecte a otra neurona.

Diagrama 1. Red neuronal humana

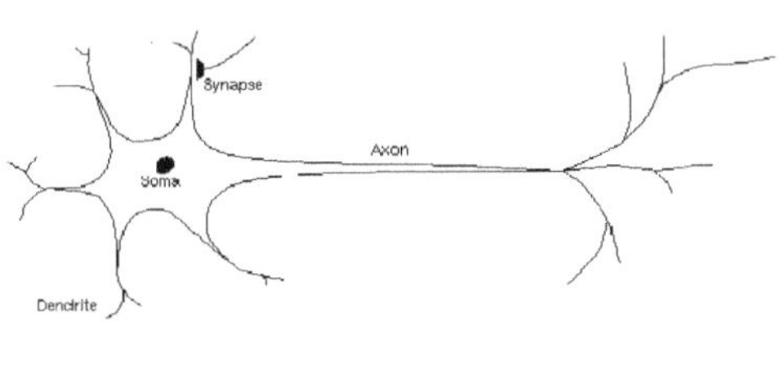

86

Los científicos de la computación comenzaron a analizar estas nociones con las máquinas de Turing tipo B[43] y el Perceptrón,[44] en la década del '50. Friedrich Hayek[45] postuló la idea de que el orden espontáneo del cerebro surge a partir de redes descentralizadas conocidas como neuronas. Para 1975, el Cognitrón[46] hizo su aparición. La Red de Hopfield[47] poseía la habilidad de enviar flujos bidireccionales de entrada entre las neuronas y los nodos, y la especialización de estas capas de nodos se introdujo mediante la primera red híbrida. A mediados de los '80, el "Procesamiento Distribuido en Paralelo"[48] comenzó a llamarse "Conectivismo".[49] Un reporte intitulado *Aprendiendo la representación interna mediante la propagación de errores*[50] fue una de las razones principales de la re-popularización de las redes neuronales. La red original utilizaba múltiples capas de unidades de peso del tipo f = g(w' x+b), donde "g" es una función sigmoidea (una típica función usada en "regresión logística").[51] El uso de la regla de la cadena de diferenciación para derivar la actualización del parámetro adecuado resulta en un algoritmo que parece propagar los errores hacia atrás –de ahí su nombre–. Hoy, a las redes con la misma arquitectura se las llama "perceptores multicapa". [52]

Las redes neuronales artificiales (RNA)

intentan simular la estructura y los aspectos funcionales de las redes neuronales biológicas. Las RNA tienen velocidades de procesamiento muy altas, y la habilidad de aprender cómo resolver un problema a partir de un juego dado de ejemplos. Estas características nos brindan una gran variedad de nuevas y poderosas técnicas para resolver ciertos problemas. De la misma manera en la que un ser humano se vuelve un experto en un área específica, los científicos de la computación entrenan a las redes neuronales en un área puntual. Una vez que se ha establecido el aprendizaje automático, una red neuronal aprende por sí misma mediante la práctica y las experiencias repetidas. Cuando se demuestra que la red neuronal está funcionando correctamente, se transforma en un "experto" y opera según decisiones y juicios propios. Como se indicó antes, una red neuronal humana es un circuito de neuronas biológicas. Sin embargo, el término "red neuronal" suele utilizarse para referirse a una red neuronal artificial, compuesta de neuronas o nodos artificiales. Red neuronal artificial (RNA), red neuronal simplificada (RNS) o, lisa y llanamente, red neuronal (RN) son términos que se refieren a la misma idea. Mientras que existen varios tipos de redes neuronales artificiales, la mayoría se organiza de acuerdo a una misma estructura básica.

Diagrama 2. Red neuronal artificial

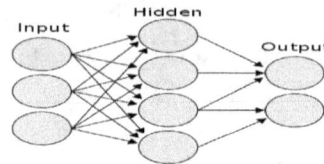

Una red neuronal artificial es un paradigma de procesamiento capaz de reconocer patrones en un juego de datos dado y de producir un modelo de esos datos. Se asemeja al cerebro en dos aspectos:

1. la red adquiere conocimientos mediante un proceso de aprendizaje de prueba y error;
2. se utilizan las fortalezas de las conexiones interneuronales ("pesos sinápticos") para almacenar este conocimiento.

Como se ha mencionado anteriormente, las redes neuronales artificiales son una emulación del funcionamiento del cerebro humano. Están construidas con *hardware* y *software* con el propósito del raciocinio, el aprendizaje, el seguimiento de patrones y la predicción, y procesan un elevado número de elementos o variables están interconectados. Las RNA usan comúnmente modelos matemáticos, lógica difusa, inferencias Bayesianas,[53] transformaciones de Fourier[54] y sistemas expertos.[55]

Las computadoras convencionales utilizan un acercamiento cognitivo algorítmico a la resolución de problemas, es decir que siguen una serie de instrucciones programadas para resolver un problema. Este acercamiento restringe la capacidad de resolución a problemas que ya conocemos y que entendemos cómo resolver. Las instrucciones de la computadora se "traducen" a un programa de lenguaje de alto nivel y, luego, a código máquina o a un lenguaje de bajo nivel (por ejemplo, al lenguaje Ensamblador) que la computadora es capaz de comprender. Dado que un ordenador es completamente predecible, cuando algo sale mal siempre se debe un problema en el *software* o el *hardware*.

El elemento clave del paradigma es la novedosa estructura del sistema de procesamiento de información, que está compuesto por una gran cantidad de neuronas que trabajan al unísono para resolver problemas específicos. Una RNA configurada para una aplicación puntual –por ejemplo, reconocimiento de patrones y clasificación de datos– ha atravesado un proceso de aprendizaje. Al igual que los humanos, las RNA aprenden mediante ajustes biológicos realizados a las conexiones sinápticas que existen entre las neuronas. La inteligencia artificial y el modelado cognitivo intentan asimilar algunas propiedades de las redes neuronales, y han sido aplicados exitosamente al reconocimiento de voz, al análisis de imágenes y al control adaptativo. Esta asimilación tiene como objetivo la construcción de agentes de *software* tanto en videojuegos como en robots autónomos. La mayoría de las redes neuronales usadas hoy en día para inteligencia artificial están basadas en Estimación Estadística,[56] Optimización[57] y Teoría de Control.[58]

Ya que las RNA procesan la información de una forma similar a la del cerebro humano, aprenden mediante ejemplos. El aprendizaje ocurre al cambiar la efectividad de las sinapsis, de manera que cambie la influencia que tienen las neuronas entre ellas. Las redes neuronales no pueden ser programadas para realizar una tarea específica. Los ejemplos o problemas deben ser seleccionados cuidadosamente, para no desperdiciar tiempo. La desventaja de esto es que la capacidad de aprendizaje de la red resuelve el problema por sí misma, y la operatoria puede ser impredecible.

Las redes neuronales artificiales y las computadoras convencionales se complementan mutuamente. Hay tareas mucho más adecuadas para un acercamiento algorítmico –como las operaciones aritméticas– y tareas que son más apropiadas para las redes neuronales –por ejemplo, la clasificación. Las últimas incluyen reconocimiento de patrones y secuencias, y una miríada de detecciones de novedades y procedimientos secuenciales de toma de decisiones. Aún más, una gran cantidad de tareas requieren combinaciones de ambos sistemas. Normalmente, una computadora convencional se usa para supervisar a la red neuronal; tanto la computadora convencional como la red neuronal trabajan al máximo de su eficiencia cuando se las usa en conjunto. La red neuronal funciona dentro de un esquema compuesto por cualquier cantidad de vectores computacionales.

Diagrama 3. Una red neuronal artificial usando un algoritmo de computadora

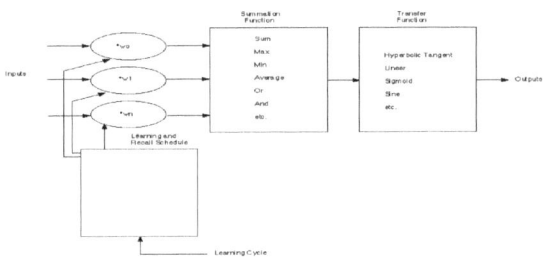

El entrenamiento de una red neuronal consta de cuatro pasos:

- ⅄ se introducen datos a la red;
- ⅄ la red produce un resultado;
- ⅄ el resultado se compara con un resultado deseado;
- ⅄ las fortalezas de la red se modifican para reducir el error.

Una red neuronal artificial puede llevar a cabo tareas que un programa lineal no puede resolver. Cuando cualquier elemento dado de una red neuronal falla, la RNA puede continuar funcionando sin mayores inconvenientes gracias a su naturaleza paralela. La red neuronal aprende y no necesita ser reprogramada; puede implementarse en casi cualquier aplicación sin problemas.

Las tareas a las que se aplican las RNA tienden a caer dentro de tres categorías, principalmente en los negocios y la medicina:

1. aproximación de funciones o análisis de regresión;
2. clasificación, incluyendo reconocimiento de patrones y de

secuencias;
3. procesamiento de datos.

La mayoría de las aplicaciones prácticas de las redes neuronales artificiales están basadas en un modelo computacional que involucra la propagación de variables continuas de un proceso al siguiente. En los últimos años, los datos de experimentos neurobiológicos han hecho cada vez más claro que las redes neuronales biológicas, que se comunican a través de pulsos, usan el ritmo de esos pulsos para transmitir información y realizar operaciones. Este descubrimiento ha estimulado significativamente la investigación en las redes neuronales de pulsos, incluyendo análisis teóricos y desarrollo de modelos, modelado neurobiológico e implementaciones de *hardware*.[59]

Clasificación de los campos de aplicación
⚔ Diagnósticos médicos, detección de fraudes, reconocimiento de caracteres, reconocimiento de voz, etcétera.

Aproximación de funciones
Modelado de procesos
⚔ Procesamiento, filtrado, agrupamiento y compresión de datos, entre otros.
Control de procesos

94

⋏ Modelado de datos, diagnósticos de maquinaria.

Predicción de series temporales

⋏ Anticipación financiera, bancarrotas, predicción de ventas, anticipación de Sistemas de Mercadeo Dinámicos.

Minería de datos en grupo

⋏ Reconocimiento y extracción de datos.

¿Qué nos depara el futuro con respecto a las Redes Neuronales Artificiales? "Las aplicaciones son muy diversas, desde predicciones climáticas hasta prótesis autónomas".[60] Los siguientes son apenas algunos ejemplos de lo que los científicos informáticos tienen planeado para el futuro de la humanidad:

1. robots que puedan ver, sentir, y predecir el mundo que los rodea;
2. predicciones mejoradas del mercado de valores;
3. uso extendido de automóviles que se manejen solos;
4. composición musical;
5. transformación y formateo automático de documentos manuscritos en documentos para procesadores de

textos;
6. búsqueda de tendencias en el genoma humano que ayuden al Proyecto Genoma Humano;
7. autodiagnóstico de problemas médicos utilizando redes neuronales artificiales.

A modo de conclusión, una de las críticas más comunes a las redes neuronales artificiales es que necesitan una gran variedad de entrenamiento para realizar operaciones prácticas. Eso es particularmente cierto para la robótica. Otras críticas provienen de los defensores de los "modelos híbridos": aquellos que combinan redes neuronales con acercamientos simbólicos. Estos críticos promueven la combinación de ambas perspectivas, en la creencia de que los híbridos pueden emular mejor los mecanismos de la mente humana. Sin embargo, las redes neuronales artificiales están destinadas a jugar un papel importante en la medicina, la psicología (incluyendo el estudio de las habilidades cognitivas humanas) y la robótica y la nanotecnología. Las redes neuronales prometen ofrecerle a la ciencia informática descubrimientos que van más allá de todo lo visto hasta el momento. Una vez que las redes neuronales han sido correctamente entrenadas, pueden reemplazar muchas funciones humanas en áreas específicas.

Quizás la posibilidad más interesante sean las redes neuronales "conscientes". Sin embargo, la conciencia de una red neuronal siempre será una conciencia alienígena. Tengo serias dudas acerca de que alguna vez llegue a existir una red neuronal artificial que pueda supervisar a sus creadores. Las redes neuronales artificiales jamás podrán sentir, pensar o percibir como nosotros… ¡y mucho menos preguntarse acerca de su destino!

Capítulo Dieciséis

¿Disminuye nuestra creatividad a medida que envejecemos?

Cuando éramos jóvenes, nuestras mentes estaban abiertas a nuevas y fantásticas posibilidades. Nuestra flamante curiosidad nos guiaba a través de los bosques primitivos de la aventura y el descubrimiento. Siempre sumidos en la investigación de la vida y nuestros entornos, cuestionábamos a nuestros padres y hermanos mayores, y buscábamos dentro de nosotros mismos y de la totalidad de la naturaleza las respuestas a nuestras preguntas. ¿Qué le pasa a este espíritu aventurero e inquisitivo cuando crecemos? ¿Perdemos nuestra juvenil capacidad de asombro? La respuesta tentativa es *sí* y *no*.

La disminución de la creatividad no comienza necesariamente cuando llegamos a los 40 o 50 años. Este proceso puede comenzar apenas entramos a la escuela. A los cuatro o cinco años usamos un porcentaje enorme de nuestro potencial. Estamos descubriendo e inventando: estamos *creando*. No importa si aquello ya fue creado antes, porque no tenemos conocimiento de ello más que el que surge de nuestra propia experiencia. Somos capaces de innovar a un ritmo asombroso; y, sin embargo, cuando alcanzamos la pubertad alrededor de los 12 años, no es raro que la mayoría de nosotros haya aplastado considerablemente su espíritu creativo. Esto puede ocurrir, y de hecho lo hace, y algunos de nosotros estamos "condenados" a permanecer en ese estado por el resto de nuestras vidas.

El *conformismo* es el precio que pagamos por vivir en un mundo moderno. Para poder llevarnos bien con nuestros pares y nuestros superiores, debemos seguir una serie de reglas y adoptar ciertos valores. La vida parece tratarse más acerca de lo que *no* podemos hacer que de lo que *sí* podemos. Hemos dejado, parece ser que hace ya tiempo, de inventar nuestro mundo, y hacemos lo que otros nos dicen que debemos hacer. Nuestra antigua curiosidad infantil se ha transmutado en una conducta predecible, y en la vulgar memorización de hechos y reglas.

La creatividad puede ser amenazadora para aquellos que han sido condicionados por la conformidad, y para poder "pasar desapercibidos" y no "llamar la atención", tendemos a desinflar nuestra energía creativa. Se nos machaca el conformismo desde el comienzo de nuestros años en la escuela primaria, y de ahí que se resienta nuestra habilidad para resolver problemas de manera creativa. Aprendemos que hay una única forma de resolver los problemas: la que tiene en mente el maestro, esta persona que aprendió las mismas reglas de conformidad, adaptadas a las costumbres del momento, cuando era un estudiante de primaria. El ciclo se repite, generación tras generación. Para el momento en el que llegamos a la universidad, hemos sido completamente condicionados para escuchar cada sílaba que escupen nuestros profesores como si estuviesen proclamando la ineludible "Palabra de Dios": realmente somos miembros funcionales de la sociedad para el momento en el que nos graduamos, ¡pero puede que también seamos tan poco creativos como un robot![61]

Las *trampas cognitivas*[62] y la enfermedad son las principales razones de la creatividad disminuida en las personas mayores. Afortunadamente, la *madurez* nos ofrece una gran oportunidad para derrotar gloriosamente la monotonía de nuestra rutina diaria. Incluso si ya somos mayores, dentro de cada uno de nosotros existe aún el mundo de nuestra niñez –lo fantástico y lo improbable– las caras surreales del autodescubrimiento y la auto-derrota. Debemos buscar dentro de nosotros mismos y rendirnos a este mundo interior especial para poder desarrollar todo nuestro potencial. Recordemos, si nos atrevemos a hacerlo, aquellas cosas que mantenían en vilo a nuestra imaginación cuando éramos jóvenes y adolescentes; aquellas tempranas fases de nuestra vida que nos cautivaban; ¡más allá de nuestras obsesiones adolescentes con el sexo opuesto! Volvemos a probar nuestras habilidades y a cultivar nuestros jardines: se nos antoja escribir poesía y ficción. Dejemos que florezca este recurso natural. Recordando nuestros años de juventud, los vemos como pasatiempos abandonados hace ya mucho. Pero nos guiarán a través de aguas que hasta este momento considerábamos imposibles de navegar.[63]

Encerrarnos en una rutina repetitiva y aburrida sólo puede hacernos *menos* creativos. Debemos usar nuestra inteligencia y creatividad para enriquecer las vidas de los demás tanto como la propia, seamos jóvenes o viejos.

La inteligencia fluida (*gf*) tiende a disminuir con la edad, y la falta de memoria de corto plazo se considera normal; sin embargo, nuestra vasta reserva de inteligencia cristalizada *(gc)* no disminuye.[64] Las teorías acerca de una disminución universal en la creatividad y la inteligencia, ligada a las "inevitables consecuencias del envejecimiento", son eminentemente falsas.

"Entre los de mente alerta y los saludables ancianos, estudios recientes han mostrado que la inteligencia de las personas de edad no disminuye inevitablemente", dice Harry R. Moody, director adjunto del Centro Brookdale. "En algunas áreas", dice el Dr. Moody, "como en las pruebas que miden la capacidad de resolver situaciones problemáticas, o en el pensamiento creativo y el procesamiento de metáforas, las personas mayores exhiben mejoras estadísticas." Para Marc Kaminsky, director y fundador del Proyecto Artistas y Ancianos, que ya lleva dos años de vida, "el proceso de rever la vida es la frontera en la que se encuentran la gerontología y las humanidades. Los recuerdos de la gente mayor pueden tomar forma de diarios, poesía, novelas y obras de teatro. Ellos son capaces de crear trabajos de mucho poder, con significado en ellos mismos y gran influencia en la sociedad."[65]

Si comenzamos a hacer cosas diferentes, como ir a lugares nuevos, hablar con gente que conocemos hace poco, leer muchos libros y periódicos, estudiar un idioma extranjero por nuestra cuenta –o, incluso volver a la escuela ya mayores, con el fin de conseguir un título de bachiller o de grado–, no podremos evitar generar sinergia y sintetizar y regenerar nuestros poderes generativos. Nos espera un cuerno de la abundancia lleno de posibilidades.

La gente saludable y creativa suele vivir más que aquellos que no cuentan con un mínimo de creatividad en sus estilos de vida. Si todas las demás condiciones son las mismas, los individuos intelectualmente activos pueden vivir tanto como aquellos que se mantienen en plena forma física.[66, 67] Creatividad: ¡tan sólo úsela!

Capítulo Diecisiete

C.I., inteligencia, etnia y género

Los conceptos y estudios principales sobre C.I. e inteligencia intentan explicar la naturaleza, el origen y las consecuencias prácticas de la inteligencia individual y grupal. El problema con estas exploraciones del aparato intelectual humano es que suelen tener prejuicios y estereotipos en su dependencia de un modelo que resulta culturalmente incomprensible para muchos pueblos del tercer mundo, y en particular para el pueblo africano.

En una declaración firmada por Raymond B. Cattell, Hans Eysenck, Arthur R. Jensen y Richard Lynn, todos ellos eminentes profesores y expertos en el campo de la inteligencia y las pruebas de C.I., llegaron a la siguiente definición de inteligencia: es "la capacidad mental general que involucra la habilidad de razonar, resolver problemas, pensar en forma abstracta, comprender ideas complejas, aprender rápidamente y aprender de la experiencia". Estos caballeros están de acuerdo en que la inteligencia no es meramente el aprendizaje de los libros o la habilidad para rendir exámenes; es más bien algo que refleja una capacidad mucho más amplia y profunda de comprender el propio entorno. Es importante notar que el percibir, descifrar y dar sentido a las cosas son los factores clave de la inteligencia. Los profesores también concuerdan en que las pruebas de C.I. miden esta habilidad general, y en que la mayoría de las pruebas estandarizadas de C.I. miden más o menos las mismas características. ¡Por ahora van bien!

Sin embargo, colocan demasiado énfasis al rol que cumplen los factores genéticos a la hora de medir y comprender la inteligencia humana. De acuerdo a estas personas, y a otros cuarenta y ocho firmantes que apoyan las conclusiones del libro *La curva de campana*, los negros están condenados a ser menos inteligentes que los blancos y los asiáticos. Aún más: este grupo declara que no hay evidencia convincente de que las curvas de C.I. de diferentes grupos raciales estén convergiendo. Afirman al unísono que no hay una respuesta definitiva de por qué las curvas de C.I. varían entre grupos étnico-raciales.

¿Podría ser que las pruebas de C.I. son en sí mismas la clave para resolver este enigma? ¿Es realmente la genética la que explica el por qué un niño hambriento en edad escolar en un desierto de Etiopía, o un estudiante de alguna parte del mundo devastada por la guerra, no aprende Matemática y Lengua igual de bien ni saca puntajes igual de buenos en pruebas de C.I. que sus contrapartes habitantes de un suburbio de clase media en el así llamado "primer mundo"? ¿Es acaso la genética la única respuesta a por qué el niño del último ejemplo está en paz consigo mismo y con su entorno y goza del beneficio de una educación decente y padres que pueden cuidar de él o ella? Los firmantes creen que la investigación en materia de inteligencia tiene algo que ver con algunas distinciones sociales, y principalmente biológicas, poco claras.

Un fenómeno conocido como el Efecto Flynn[68] podría reducir o directamente eliminar las diferencias en C.I. entre razas y culturas en el futuro. Considerando que los resultados de C.I. de las opulentas Holanda y España subieron entre seis y ocho puntos en apenas una década –y que los mismos resultados subieron unos increíbles veintiséis puntos en Kenya durante los últimos catorce años– se torna evidente que el Efecto Flynn es una realidad, y que el prejuicio genético contra los negros carece completamente de sentido. Además, hay una teoría que dice que el C.I. promedio en los Estados Unidos era de apenas 75, antes de que la nutrición mejorada aumentase los puntajes del grueso de la población.[69] Hoy en día, el C.I. del norteamericano promedio es de 98.

Es una verdad casi universalmente aceptada el hecho de que el C.I. de una persona puede predecir su éxito académico, pero no si esa persona podrá funcionar correctamente en su entorno. Además, hay considerable evidencia, obtenida mediante re-testeos y la aplicación de pruebas diferentes, de que el C.I. de una persona no se mantiene fijo a lo largo de su vida. Hay factores emocionales y motivacionales que juegan papeles clave respecto del puntaje alcanzado en una prueba dada, y esos mismos factores pueden modificarse de un examen al siguiente. Se cree que hasta un sesenta por ciento del puntaje de una prueba de C.I. puede cambiar significativamente a lo largo del tiempo. Teniendo esto en mente, ¿podemos realmente asumir que el resultado obtenido en un punto específico de la vida de un individuo es un indicador válido de su inteligencia de nacimiento?

La G ("inteligencia general") es tan controvertida como cultural. El elemento central a la hora de medir la inteligencia de una persona es el vocabulario. El vocabulario es un reflejo de las habilidades cognitivas, y la exposición a las palabras no es genética, sino aprendida. Un niño o un adulto que nunca ha visto un octágono, o el símbolo del hombre (♂) o el símbolo de la mujer (♀), seguramente no los reconocería si se le mostrasen en una prueba de inteligencia. El componente genético del C.I. es el complemento recíproco del componente del entorno: cuanto mayor sea la diferencia en los entornos, menos probable es que aparezca el componente determinado por los genes.

Hoy por hoy, es aceptable y realista la posición de que las diferencias raciales y de género no son genéticas, sino que reflejan desafíos sociales y del entorno.

Pongamos por ejemplo el discurso de inauguración del ex-presidente de la Universidad de Harvard, Lawrence Summers pronunciado el 14 de enero de 2005:

> *Voy a referirme a solo una parte del problema o desafío que estamos discutiendo, que es el tema de la representación femenina en puestos de ciencia e ingeniería en las mejores universidades y centros de investigación; no necesariamente porque sea el problema más importante o interesante, sino porque es el único de estos problemas que me he esforzado mucho por considerar muy seriamente. El otro comentario preliminar que me gustaría*

hacer es que intentaré, durante la mayor parte del camino, adoptar una posición enteramente positiva más que normativa, y simplemente tratar de pensar y ofrecer hipótesis acerca de por qué observamos lo que observamos, sin ver esto a través de la tendencia al juicio de valor que está inevitablemente conectada a todas nuestras metas comunes de igualdad. Después de todo, el rol de la mujer en la ciencia no es el único ejemplo de un grupo que está significativamente subrrepresentado en una actividad importante, y cuya subrrepresentación contribuye a una escasez de modelos para aquellos que están considerando entrar en ese grupo. Por poner un juego de ejemplos variados, confío en que los datos revelarán que los católicos están sustancialmente subrrepresentados en los bancos de inversión, la cual es una profesión de excelentes ingresos en nuestra sociedad; que los hombres blancos están muy sustancialmente subrrepresentados en la Asociación Nacional de Básquetbol; y que los judíos están muy sustancialmente subrrepresentados en la actividad agrícola-ganadera. Todos estos son fenómenos en los que uno puede observar la subrrepresentación, y creo que es importante pensar en forma clínica y sistemática acerca de los motivos de dicho fenómeno.[70]

Luego de su discurso, algunos concluyeron

que Summers creía que las diferencias en la habilidad intrínseca entre los sexos era la responsable de la escasez de científicos mujeres de primera línea, y que había "pasado por alto caballerosamente" realidades como el prejuicio a la hora de los contratos de empleo, las prácticas discriminatorias de los laboratorios, y los estereotipos negativos. Luego del escándalo acerca de sus comentarios, que sugerían que las mujeres podrían no tener las mismas habilidades innatas que los hombres para las matemáticas y las ciencias, el presidente de Harvard, Lawrence H. Summers, publicó una disculpa de dos páginas para la comunidad de Harvard, diciendo que se había equivocado al hablar en una forma que resultó en una señal de desaliento no deseada a las talentosas jóvenes mujeres. La carta de Summers se posteó en su sitio *web* de Harvard. Luego de una ráfaga de controversia, Lawrence Summers renunció.

Philip Emeagwali, quien ayudara al desarrollo de las supercomputadoras, es un científico nigeriano que sorprendió al mundo de la alta tecnología y el alto C.I. cuando ganó el premio Gordon Bell en 1989. El hecho de que un africano negro tuviera un C.I. de 190 y estuviese casado con una microbióloga y bioquímica negra estadounidense habría provocado que el racista Dr. William Shockley, ganador del premio Nobel,

110

se revolcase en su tumba. Irónicamente, el Dr. Shockley murió el mismo año en el que Emeagwali ganó el premio Gordon Bell por la Máquina de Conexión.

Andy Warhol fue uno de los representantes más importantes del arte pop y se lo recuerda principalmente por sus representaciones de las latas de sopa Campbell's. Warhol creó cientos de otras obras en sus 58 años de vida, incluyendo avisos publicitarios, películas, la técnica de la línea borroneada y el proceso de serigrafía en la pintura. Se dice que su C.I. era de apenas 86. Sin embargo, muchos llaman genios a Emeagwali *y* a Warhol, a pesar de la diferencia de 104 puntos en sus puntajes de C.I.

Hay que desechar la idea de que un grupo homogéneo de personas pueda ser necesariamente más listo (o tonto) que otro. Es claro que siempre habrá diferencias individuales, pero hay que remarcar que cualquier individuo adaptable que posea suficiente habilidad y motivación, seguramente tendrá éxito en la vocación que elija.

Capítulo Dieciocho

Cerebro derecho/cerebro izquierdo: ¿uno o dos... o tres?

Los conceptos acerca de la dualidad de la naturaleza humana –por ejemplo, el Yin y el Yang–, han sido hipótesis de filósofos y científicos desde épocas inmemoriales. Los humanos han estado ocupados con su inteligencia, en el sentido práctico, desde los días de los primeros trogloditas, y en un sentido estético y teórico desde que un artista Cromañón pintara un bisonte en un muro de la caverna de Altamira, cerca de Santander, España.

Es necesario hacer un breve resumen de las definiciones populares de la inteligencia. Cuando alguien dice "ella es inteligente", lo que suele querer decir es "ella está de acuerdo conmigo". Esta es la definición con la que la mayoría de la gente se siente cómoda. Pero hay otras que, no hace falta aclarar, son más confiables: aquí van algunas. Benet y Simon (1916) definieron la

112

inteligencia como la habilidad de "juzgar bien, razonar bien, y comprender bien". Hacia 1921, Louis Terman había conceptualizado la inteligencia como "la habilidad de llevar a cabo el pensamiento abstracto"; y Freeman, más de treinta años después, describió la inteligencia como "el punto hasta el cual es educable una persona". Una referencia más reciente de la inteligencia incluye a Weschsler (1975), quien la definió desde el punto de vista de los científicos informáticos como "la habilidad de procesar información" y, desde el punto de vista de los psicólogos, como "la habilidad de deducir relaciones", mientras que los educadores veían a la inteligencia como "la habilidad de aprender". La definición de los biólogos es aún más básica: se trata de "la habilidad de adaptarse al entorno". Si hay algo que podemos tener por seguro es que, cuantas más de estas habilidades poseamos, mejor nos irá.

Todos estamos dotados de un cerebro: ¿o serán realmente dos? El cerebro, lugar donde se desarrolla el pensamiento complejo, está dividido en dos hemisferios. El derecho controla al izquierdo y el izquierdo controla al derecho. Así es como nuestro cerebro y nuestro cuerpo funciona juntos. Cada hemisferio del cerebro es dominante de sus comportamientos, y la mayoría de nosotros tendemos a seguir un estilo de pensamiento. El cerebro derecho es creativo, espiritual y emocional, mientas que el izquierdo analiza y juzga. Nuestras elecciones en la vida dependen de una dominancia en particular, y en líneas generales se cree que en la gente altamente creativa es dominante el cerebro derecho, mientras que en la mayoría de los científicos y matemáticos es dominante el cerebro izquierdo.

Los zurdos solían ser considerados "más listos" que los diestros. Tienden a ser objetivos, lógicos, analíticos y secuenciales, con preferencia por carreras como el derecho, la contabilidad y la ciencia. Suelen ser escépticos de todo lo nuevo y no probado, y muchos suelen también apartarse de las creencias religiosas tradicionales. En su mayoría, son amantes de la música clásica, y no tan aptos como los diestros (quienes suelen disfrutar más del *rock and roll*) para "pensar fuera de la caja". Cuando a un cerebro izquierdo se le ocurre algo innovador, es probable que la idea original haya sido de un cerebro derecho. El individuo del cerebro izquierdo tal vez no habría podido crearlo. El cerebro izquierdo, el académico, ve los componentes del cuadro.

Los diestros piensan en imágenes visuales, cenestésicas y auditivas. La matemática abstracta no suele ser compatible con sus cerebros, que procesan la información de forma aleatoria, yendo del punto A al punto D sin necesidad de leer una lista detallada de instrucciones, adquiriendo todo el cuadro de un vistazo. Se los ve como desprejuiciados y no suelen tener una opinión formada en muchos temas. El cerebro derecho es el modo holístico, que incorpora funcionalidades intuitivas y no verbales. La transferencia bilateral se consigue mediante un proceso inconsciente, compartido con el hemisferio izquierdo y el cuerpo calloso, el puente arqueado de tejido nervioso que conecta ambos hemisferios. La conciencia completa surge de la colaboración de ambos juegos de procesos. Las cuatro partes activas en los hemisferios izquierdo y derecho son el lóbulo frontal, que controla la personalidad; el lóbulo temporal, que se encarga de la memoria a corto y largo plazo; el lóbulo parietal, que maneja las manos; y el lóbulo occipital, que guía nuestra visión.

En aquellos dominados por su cerebro izquierdo, las emociones se transforman en un recuerdo simbólico ("ayer estaba feliz/triste") y no en una sensación de verdadera experiencia. Cuando está en el modo de turbulencia emocional del cerebro derecho, como durante la ira, la tristeza – inclusive el amor – la persona suele quedarse sin palabras. ¿Cómo fue que nos volvimos semejante embrollo? La dominancia del cerebro izquierdo probablemente surgió como resultado de la necesidad básica de supervivencia en un mundo primitivo y físico, desde la recolección de comida hasta la violencia como táctica de supervivencia. Para hacer esto, el hombre debía apagar sus sentimientos, que le habrían prohibido matar animales o a otros humanos. Debimos hacer un sacrificio por el bien de la sociedad, lo que implicó organizarnos en grandes grupos y renunciar a nuestra autonomía. El cerebro derecho (la conciencia) toma esos hechos desarrollados por el cerebro izquierdo (el conocimiento), y arma las conexiones apropiadas a partir de ellos, haciendo que las cosas cobren sentido. Nuevamente, esto se logra mediante una transferencia bilateral. Y ahora se considera que existe un tercer cerebro, el pensamiento cenestésico, que resulta de la combinación de lo verbal y lo visual. Ambos lados del cerebro pueden intercambiar reglas: esto es parte del patrón completo del cerebro.

Sería interesante saber cuántos de nosotros son dominados por su cerebro izquierdo, y qué porcentaje por el derecho. En nuestra sociedad, ¿cuántos somos de cerebro "completo" y cuántos somos estrictamente zurdos o diestros? Tan sólo por curiosidad.

Capítulo Diecinueve

Los altibajos de la inteligencia emocional

¿Le creería a una persona si le dijera que su C.I. es de 160, pero su C.E. (Cociente Emocional) es de tan solo 90? Puesto en la situación de una guardia de hospital psiquiátrico, tal vez; pero en el mundo exterior se trata de una situación muy poco común, salvo por supuesto en "Alto C.I.-landia". La inteligencia emocional (I.E.) suele estar íntimamente relacionada con la inteligencia académica, pero existen notables excepciones a esta regla.

En 1920, E. L. Thorndike utilizó el término "inteligencia social" para describir la habilidad de llevarse bien con otra gente. Sin embargo, el término "inteligencia emocional" parece haber sido acuñado por Charles Darwin en 1872. Él lo aplicó en forma amplia a la supervivencia y adaptación de los humanos, lo que en ese sentido es inteligencia social.

En pocas palabras, la inteligencia emocional puede verse como la habilidad de entender, percibir y manejar los propios sentimientos, y la habilidad de percibir y entender los sentimientos de nuestros pares humanos. El psicólogo Daniel Goleman popularizó el término en 1995, y publicó libros y artículos acerca de la aplicación de la inteligencia emocional en el mundo de los negocios. Estar dotado de una buena memoria y una buena capacidad de resolver problemas no implica que uno tenga la habilidad de lidiar con las emociones, o esté motivado. A veces, las habilidades sociales necesarias para "ir tirando" deben adquirirse en años posteriores, luego de que un niño ha alcanzado la madurez. Esto es particularmente cierto en el caso de la gente con síndrome de Asperger, los altamente creativos esquizofrénicos, o de los adultos bipolares.

En su libro *Inteligencia emocional: por qué puede importar más que el C.I.*, Goleman cita ejemplos de personas con alto C.I. que no poseen grandes logros. Pone énfasis en que la inteligencia académica tiene poco y nada que ver con la vida emocional: la gente con altos C.I. pueden ser pilotos sorprendentemente inútiles de sus vidas privadas. Goleman muestra cómo la persona tradicionalmente exitosa es aquella que puede lidiar con sus emociones dentro de la norma y costumbres de su sociedad. Define el éxito en términos sociales de una forma estrecha que puede o no resultar aceptable para la persona con superdotación. Un individuo dotado es, sin dudas, hábil para aprender una lista de reglas y reacciones socialmente aceptables, pero las figuras de autoridad en las vidas de los niños o adultos dotados suelen ser desafiadas repetidamente. Habiendo examinado la lista de reglas y comportamientos aceptables, la persona superdotada suele decidir que esta es injusta o sencillamente errónea. Pero estas reglas son antiguas, tienden a auto-validarse, y son resistentes al cambio.

Sin embargo, es esencial que los niños superdotados aprendan a "encajar". Si se lo hace más tarde en la vida, puede resultar el tradicional trago amargo para aquellos con inclinaciones artísticas, el poeta creativo, el escritor, o aquellos que se entusiasman con un estado mental dado vuelta. Parecen estar tristes cuando están felices, y cuando están frenéticos son productivos. La aceptación de sus excentricidades le permitió a John Forbes Nash, matemático ganador del premio Nobel de Economía 1994, abandonar la medicación que tomaba, a pesar de su esquizofrenia paranoide. Alguien que estaba en una situación mental similar a Nash, pero que no tuvo tanta suerte, fue el pintor impresionista Vincent Van Gogh. El escritor y poeta de la generación Beat Jack Kerouac estaba demasiado disminuido emocionalmente como para llevar una "vida normal". Pero ciertamente dejó su huella. ¿Fue él un fracaso a causa de su pobre inteligencia emocional, o un éxito "de locos" como su amigo, el poeta Alan Ginsberg?

La inteligencia emocional moderada o alta facilita el tomar buenas decisiones, alcanzar la gratificación, ayuda a alcanzar metas a largo plazo, y a tener relaciones efectivas con los colegas de trabajo o los jefes. Aquellos con baja I.E. están en riesgo de sufrir problemas sociales, más allá de su nivel de C.I. Tienden a dejar de lado las reuniones sociales como fiestas y salidas. Están poco preparados para el contacto personal con los "normales", que son incapaces de tolerar sus rarezas o comportamientos erráticos. Las habilidades sociales pueden adquirirse a cualquier edad. En el extremo derecho de la campana de Gauss, aquellos jóvenes con muy altos niveles de inteligencia emocional suelen sentirse sobrepasados por sus emociones y las complejidades de manejar sus sentimientos. Si estos niños no cuentan con la guía de sus padres, pueden no llegar a convertirse en adultos emocionalmente maduros, por contradictorio que suene, aunque sus chances son mejores que para aquellos niños con baja I.E.

Hay muchas pruebas de cociente emocional en internet. Aquel cuyo C.E. está bien relacionado con su C.I. puede estar orgulloso de sí mismo y luego realizar una buena contribución a la organización de salud mental de su preferencia. No estaría de más.

Capítulo Veinte

Poliglotismo

Pídale a cualquiera que defina la palabra "políglota" y la mayoría responderá que es "una persona que habla muchos idiomas". La mayoría de los diccionarios definen "políglota" como una persona que posee un conocimiento oral, escrito o de lectura de varios idiomas. La etimología de la palabra proviene del griego *poluglottos*, que significa "con muchas lenguas". Los diccionarios coinciden en afirmar que un políglota maneja varios idiomas, pero ¿cómo definir "varios"?

Una persona que habla dos idiomas, incluyendo su lengua materna, es considerada bilingüe. Sin embargo, hay un debate acerca de si alguien que habla tres idiomas debería ser llamado políglota o trilingüe. De acuerdo a la mayoría de los investigadores del tema, un verdadero políglota surge cuando la persona puede hablar con fluidez tres idiomas y su lengua materna. ¿Acaso uno etiqueta a una persona como políglota cuando posee la habilidad de decir "Tenga usted un buen día" en siete idiomas extranjeros? Por supuesto que no. Para que alguien sea considerado un hablante de cierto idioma, es necesario que posea tanto una base medianamente sólida de vocabulario como un entendimiento promedio de las reglas de ortografía, pronunciación y gramática del idioma en cuestión.

No es poco común que alguien hable dos o tres idiomas; pero, pasado ese punto, la fluidez se vuelve algo relativamente menos habitual. Ser un políglota pone a una persona en la misma categoría que gente como el Papa Juan Pablo II, famoso por sus habilidades idiomáticas. Cuando hablamos de personas que manejan una docena de idiomas o más, usamos el término "híper-políglota", acuñado en 2003 por el lingüista Richard Hudson. Probablemente el híper-políglota más famoso haya sido Giuseppe Mezzofanti, un cardenal italiano del siglo XIX de quien se decía que podía hablar setenta y dos idiomas (aunque otras versiones indican que hablaba con fluidez treinta y ocho idiomas y cincuenta dialectos, mientras que hablaba muchas otras lenguas con menor habilidad). Se dice que Mezzofanti podía recordar sin errores una palabra luego de haberla oído tan solo una vez. Si asumimos que un idioma tiene alrededor de 20.000 palabras, tendría que haber aprendido la poco realista cantidad de una palabra por minuto, doce horas al día, durante un período de cinco años y medio. ¿Qué tan probable es eso? Sin embargo, Mezzofanti fue constantemente examinado por críticos y todos quedaban asombrados. Uno de ellos llegó a llamarlo "El Diablo" en virtud de su increíble habilidad.

El lingüista germano-polaco Emil Krebs tenía fama de poder conversar en más de cien idiomas. En 1930, el investigador Oscar Vogt tomó su cerebro para estudiarlo, y al día de hoy aún se conserva en el Instituto de Investigación Cerebral C. y O. Vogt de la Universidad Heinrich Heine, en Düsseldorf. Su biblioteca particular, de más de 3500 volúmenes, incluye aproximadamente 120 idiomas, y se encuentra alojada en la Biblioteca Nacional de Washington, D.C.

Otros híper-políglotas famosos incluyen a Ziad Youssef Fazah, un libanés nacido en 1954 que posee al menos nociones básicas de 60 idiomas. La edición británica de 1993 del Libro Guinness de los Récords Mundiales lo consideró el mayor políglota del mundo. Paul Robeson (1898-1976) fue un actor, atleta, cantante, escritor y activista por los derechos políticos y civiles estadounidense, que podía hablar más de 20 idiomas, incluyendo yiddish, ruso, alemán, galés, español y varios idiomas africanos.

¿Será que Mezzofanti, Krebs y Robeson tenían cerebros extraordinarios, o acaso son los híper-políglotas personas comunes que consiguen hacer algo extraordinario mediante la motivación y el esfuerzo?

Luego de que uno ha aprendido un segundo idioma, el tercero, el cuarto, y así, son más sencillos, sobre todo si son idiomas relacionados. Cuando más sabe uno acerca de cómo funcionan los idiomas, más eficiente se vuelve para aprenderlos. Esto hace referencia a la investigadora Jeanette Littlemore y su expansión de la "Teoría de las Inteligencias Múltiples" de Howard Gardner. De acuerdo con Littlemore, existe una novena inteligencia que ella llama *inteligencia metafórica*. El uso de metáforas es algo común a todas las lenguas y formas de comunicación, a tal punto que es una de las principales herramientas en el aprendizaje de un idioma. Hay ejemplos como la "boca" de un río, el "ojo" de una aguja o el "corazón" de una cuestión, que representan extensiones metafóricas de partes del cuerpo. Las metáforas "estáticas" y "nuevas" son las que ayudan a una persona en el aprendizaje de un idioma, y en todo el aprendizaje de índole académica en líneas generales. Las metáforas estáticas son aquellas de uso común en el idioma, y las metáforas nuevas son aquellas en las que se combinan ideas en forma novedosa. Lo que hace a un políglota es el uso efectivo de metáforas estáticas y nuevas. Lo que para un hablante nativo es una metáfora estática, para un estudiante del idioma es una metáfora nueva la primera vez que la encuentra. Littlemore indica que tanto el pensamiento divergente como el "razonamiento analítico difuso" pueden jugar un papel importante en el aprendizaje de un idioma.

Algunos investigadores concluyen que es cierto que algunas personas poseen talento para aprender un idioma, mientras que otros opinan que los políglotas tan sólo se esfuerzan por aprender tres o más idiomas, y que el talento no es un factor en juego. Las personas con habilidades verbales avanzadas se desempeñan mejor en evaluaciones lingüísticas, pero en realidad no son más inteligentes que el resto de nosotros.

Pregúntese: "¿cuántos idiomas puedo aprender *yo*?" En teoría, solo el factor "tiempo" afecta la capacidad de aprender idiomas. Los expertos en lingüística afirman que la mayoría de nosotros poseemos el potencial para volvernos híper-políglotas.

Capítulo Veintiuno

Conciencia robótica

Uno de los problemas filosóficos y científicos que conciernen a la evolución de los robots es la *conciencia*. Los seres humanos somos máquinas complejas, auto-controladas y autónomas, que han sido "diseñadas" mediante el proceso de la selección natural. ¿Por qué habría eso de asemejarnos a los robots? En pocas palabras, los robots han sido diseñados con varias de estas mismas características.

El problema difícil, propuesto por David Chalmers, se refiere al problema científico de la conciencia, la comprensión de cómo los procesos físicos que ocurren en el cerebro se relacionan con la experiencia subjetiva. *Los problemas menos complicados*, pero ciertamente tampoco sencillos, se relacionan con las funciones de la conciencia en la percepción, cognición y comportamiento de los humanos y los animales, el entorno de la adaptación evolutiva (EEA, por sus siglas en inglés). Estas funciones son necesarias para el "estilo de vida" de los robots autónomos, ya que la conciencia funcional y el movimiento físico son partes integrales de su maquinaria. Al igual que los humanos, deben tener control deliberado de sus acciones; los robots autónomos necesitan esa habilidad mientras están operando bajo circunstancias excepcionales, por ejemplo, cuando aprenden nuevas habilidades. En ambas "especies" este control se vuelve automático una vez aprendido: es la integración de la memoria y varias modalidades sensoriales, como la visual y cenestésica, y cae dentro del *dominio de la conciencia del conocimiento*. La *dominancia visual* puede ser un buen lugar para la integración de la información en conciencias artificiales, ya que permite realizar imágenes detalladas de objetos remotos y la "comprensión" robótica de esos objetos, y, por ende, instrucciones apropiadas con ellos. La autoconciencia robótica es conciencia de sí mismo como un objeto físico en un entorno físico, no en un entorno repleto de las consideraciones ontológicas y las premisas metafísicas que los humanos suelen considerar. La *meta-cognición* requiere de la razón detrás de las propias acciones, entender el comportamiento mediante la deliberación de estas acciones y sus consecuencias. ¡Esto podría de hecho atribuirle *conciencia del ego* a una máquina! Por increíble que parezca, este es el caso. Un robot autónomo debe poseer razonamiento discursivo o de bajo nivel, así como una simulación analógica *vía* "neuronas espejo" para comprender el comportamiento. Esta particularidad en el proceso de aprendizaje de las máquinas que les permite comunicarse entre ellas es significativo para los robots, y lo es también para el hombre en la medida en la que él es el diseñador de estas maravillas.

El *Experimento del cuarto chino* se refiere, brevemente, a un sujeto (la computadora) que no conoce el idioma chino, pero lo habla mediante la memorización de frases. La computadora no sería capaz de señalar un perro si se le preguntase en ese idioma, ni podría (lo humano en la computadora) dibujar la imagen de un perro. El hablante no podría entender lo que estuvieran hablando. Las computadoras no son conscientes en el sentido clásico, pero a medida que comenzamos a entender los mecanismos neuronales que implementa la conciencia funcional, podemos comenzar a aplicarlos al diseño robótico de forma tal que los robots autónomos puedan beneficiarse de él, demostrando un nivel de conciencia funcional similar –aunque todavía muy distinto– al de la conciencia humana. El experimento del cuarto chino nos ayuda a entender la diferencia entre conciencia e *intencionalidad*. Aunque los robots exhiben intencionalidad intrínseca, nunca podrán ser "conscientes" o estar "vivos" en el sentido corriente. Los robots, además, deben ser capaces de comunicarse entre ellos, ser altruistas y sacrificarse por el bien de las comunidades robótica y humana.

El problema difícil y extraordinario de la conciencia robótica es la condición epistemológica de la conciencia. La ciencia es tradicionalmente el púlpito de la observación pública e impersonal. Cuando los aspectos subjetivos de la observación son eliminados – *Susie no está tibia, más bien su temperatura es de 37° C–*, se alcanza un consenso. La reducción al dominio de lo subjetivo, en lugar del dominio objetivo o de tercera persona, es parte del proceso. Su valor radica en que nos ayuda a comprender fenómenos de alto nivel al compararlos con fenómenos de bajo nivel. La reducción fenomenológica informada a nivel neurológico sugiere que podría ser útil considerar la experiencia consciente en términos de *protofenómeno* o entidades teóricas entendidas como constituyentes del fenómeno, en este caso el pensamiento consciente.

En el sentido más básico, los protofenómenos son similares a la información sensorial, como los píxeles pero más complejos. Los protofenómenos también incluyen las expectativas, humores, sentimientos, intenciones, diálogos internos, imaginaciones y recuerdos. La "inobservabilidad" de los protofenómenos pone en duda la validez de su existencia, si los comparamos con los átomos como entidades teóricas del siglo XIX y comienzos del XX. La posibilidad de que un robot autónomo complejo posea una experiencia subjetiva similar a la de un humano no puede establecerse sin mayor conocimiento de los lugares en los que ocurren estas actividades en el cerebro.

"El Robbie Robot" podría algún día estar tan cerca de usted como el perro Spot o el gato Fifí, o más. El robot del mañana podría conversar con usted en línea, o bailar con usted en el club. Sea como sea, lo seguro es que los robots del mañana serán grandes pensadores.

Capítulo Veintidós

Pensamiento crítico y pensamiento creativo: un resumen de la cuestión

La palabra "lógica" deriva del griego clásico *logos* que puede traducirse como "oración". En el Nuevo Testamento se la encuentra como "La Palabra", y significa Dios.[71] Otras traducciones de "logos" incluyen "discurso", "razón", "relación" y "regla". El *pensamiento crítico* es considerado, incluso en su forma más primitiva, como lógica informal. Tanto la lógica formal como el pensamiento crítico se ocupan de los principios del correcto razonamiento. En este ensayo, me enfocaré en algunos de los aspectos importantes del pensamiento crítico, comparándolo con su hermano gemelo o disgénico, el *pensamiento creativo*.

En pocas palabras, el pensamiento crítico analiza, evalúa y explica ideas, mientras que el pensamiento creativo pugna por alcanzar una expansión de las ideas sin tener en cuenta necesariamente su validez, solvencia o pertinencia de contenido. Al comparar el pensamiento crítico con el pensamiento creativo, podríamos verlos a ambos como diametralmente opuestos. Por lo tanto, debemos usar nuestras propias habilidades creativas para yuxtaponer estos dos sistemas de pensamiento o "procesos de pensamiento", para poder compararlos. Así que prepárese para un viaje fantástico a través de su propio pensamiento creativo, mientras lee este ensayo.

Tanto el pensamiento crítico como la creatividad son actividades disfrutables, productivas y positivas; y ambas también son tan emotivas como racionales, variando de acuerdo a la presentación contextual y/o los contenidos en los que cada una se mueve o es "disparada". Ya sea un evento negativo o un catalizador positivo lo que mueva a la acción, hay muy poca diferencia respecto de la actividad y la producción pensante. El pensador crítico será el adecuado para analizar, sintetizar y postular, explicar y proponer. Identificar y desafiar supuestos es central para el pensamiento crítico.

El buen pensador crítico analiza mientras lucha por identificar la importancia del contexto en una discusión, o en cualquier exposición de hechos o supuestos y, con bastante frecuencia, "presunciones".[72] Luego imagina y explora alternativas. Esta práctica de análisis, síntesis y nueva re-creación intelectual conduce al escepticismo reflexivo, a la exposición, acción y a la construcción de conceptos intelectuales o realidades concretas.

Entonces, ¿cuál es la definición de "pensamiento crítico"? Ha habido una gran cantidad de opiniones, tanto de filósofos como de psicólogos cognitivos, en el proceso de formular una definición de pensamiento crítico. Hay muchas definiciones "ahí afuera". Entre ellas se cuenta la siguiente:

> [el pensamiento crítico...] es el proceso intelectualmente disciplinado de conceptualizar, aplicar, sintetizar y/o evaluar activa y hábilmente la experiencia, el razonamiento o la comunicación como una guía hacia las creencias y la acción.[73]

En la opinión de quien suscribe, las mejores definiciones son las breves. Así que, a tono con mi evidente y descarada subjetividad y, tal vez, la increíble pomposidad de la anterior cita, ofrezco la siguiente alternativa para su consideración:

> El pensamiento crítico es la actividad disciplinada de evaluar argumentos o proposiciones y realizar juicios que puedan guiar el desarrollo de las creencias y la toma de acción.[74]

La frase precedente, corta, dulce y apenas armada, abarca por completo el tema y describe la

134

dirección del proceso de pensamiento crítico.

El pensamiento crítico es una herramienta necesaria para la introspección en la vida personal, y es una fuerza liberadora esencial en la educación. Las habilidades en el pensamiento crítico nos ayudan a expresar el sentido y significado de una amplia gama de experiencias humanas. Para poder continuar viviendo bien nuestras vidas debemos enfrentar nuestros problemas con valor y analizar, evaluar, deducir, inferir y finalmente explicar, exponiendo los resultados de nuestro razonamiento, con sus justificaciones en términos de evidencia y conceptos ("El Problema") y los métodos, criterios y fundaciones o base de la que emanan los resultados de nuestras actividades de pensamiento crítico (un proceso de *dialéctica hegeliana*[1]). Finalmente, nosotros, como pensadores críticos, presentamos nuestra explicación razonada en la forma de un argumento convincente. Nuevamente, hemos deducido e inferido relaciones, hemos examinado afirmaciones y su validez y/o la credibilidad de cada una; y llegamos a conclusiones. Realizamos críticas, presentamos refutaciones y formamos nuevos argumentos.

Estamos involucrados en el proceso y esto es pensamiento crítico en acción. Es un continuo: nunca se detiene, a pesar de que la habilidad afinada del pensamiento crítico es inalcanzable sin práctica, sin una comprensión profunda de un argumento o sin una amplia base de conocimiento. *Todos* tenemos los medios para explicar nuestros razonamientos en forma detallada, paso a paso (o bien, punto a punto). Es solo cuestión de encontrar la oportunidad y tomarla, antes de convertirnos nosotros mismos en paradigmas del correcto razonamiento y del pensamiento creativo.

Al igual que el pensamiento crítico, la creatividad puede ser vista como un proceso (dentro de un sistema). Este proceso de pensamiento dentro de los confines de un esquema de pensamiento sistemático es análogo a la *teoría del lenguaje del pensamiento.*[75]

> La creatividad suele definirse como una construcción paralela a la inteligencia, pero difiere de ella en que no está restringida al razonamiento o al comportamiento cognitivo o intelectual. En lugar de eso, se trata de una compleja mezcla de motivos, condiciones y factores de personalidad, e incluso productos.[76]

La creatividad es también distinta de la innovación: la innovación es pensamiento convergente, llevar ideas familiares de nuevo a la experiencia de las personas, mientras que la creatividad es esencialmente una actividad de pensamiento divergente, que a veces se expande mucho más allá de los pensamientos y conceptos de la época.[77] La creatividad puede ser entendida como un *aspecto* de la innovación, ya que su meta es la invención y la exploración. Pero el fin de la innovación es la *transformación e implementación*, mientras que la creatividad no pretende tales cosas.

Podemos ver este aspecto de la innovación como algo análogo al cuerpo calloso en el cerebro, que une ambos hemisferios: el hemisferio derecho (creativo, sensible) "une sus fuerzas" con el hemisferio izquierdo (lógico, ordenado). La unión de lo divergente con lo convergente es la unidad cooperativa de los hemisferios cerebrales: esto permite que lo que sale de *todo el cerebro* "tire para el mismo lado" –y en la creación de algo hermoso y/o útil, o quizás hasta GIGO.[78,79] Así puede surgir una verdadera obra maestra, u otro pedazo de basura puede aparecer para abarrotar nuestras vidas.

Como hemos visto, el pensamiento creativo concierne generalmente a la creación o generación de ideas, procesos, experiencias y objetos, o a la explicación y expansión de ellos. El pensador crítico ideal, por su parte, analiza, sintetiza, luego evalúa, y sugiere o explica.

El pensador crítico ideal es perspicaz, inquisitivo, sabio, racional, desprejuiciado, justo en sus evaluaciones; preclaro, honesto y un "buen ciudadano". Él o ella nos ofrece los resultados de su pensamiento (evaluación) en un "paquete" o presentación tan precisa como el sujeto inquirido y la situación lo permiten. Los buenos pensadores críticos se educan a sí mismos y se esfuerzan por alcanzar este ideal. Son ellos y ellas los cimientos de las sociedades democráticas y racionales. Por su parte, un *pensador creativo* ideal es el motor del cambio y el avance social y, al igual que su contraparte del cerebro izquierdo, es un valioso miembro de la sociedad. Sus ideas, algo –o muy– arriesgadas, son el complemento perfecto de las formales y estables contribuciones del pensador crítico. Tanto los mejores pensadores críticos como las personas altamente creativas tienden a ser pensadores de cerebro completo. El pensador creativo es, sin dudas, el "genio" de la pareja –ya sea un poeta, un economista, un biólogo o un físico–.

Los pensadores creativos ven los problemas desde diversos ángulos. Pintan o expresan sus pensamientos para que todos nosotros los podamos ver y evaluar. Nos hablan, y producen muchas ideas, combinándolas y haciendo "mezcla y emparejamiento" con ellas. Muchos pensadores creativos –y todos los genios creativos– ven relaciones en donde la mayoría de la gente no ve nada. Los pensadores creativos ideales manipulan pensamientos opuestos entre sí. Los moldean, escriben, manipulan, calculan y pintan para que se conviertan en conceptos útiles, ideas, teorías y/o productos y realidades viables para todos nosotros. Ya sea que comiencen como pensadores de cerebro izquierdo o de cerebro derecho, todos los genios y pensadores creativos son metafóricos y aventureros… y suelen tener suerte.

Capítulo Veintitrés

Personalidad y creatividad

El acto creativo no solo nos diferencia de los simios, sino que también nos provee una profunda sensación de ser, que se extiende mucho más allá de nuestra vista, dejando un resultado que aporta a la rica y compleja red del futuro. Por lo tanto, no es de extrañarse que la creatividad imponga un gran sentido en nuestras vidas. Nuestros valores, idioma, expresión artística, conocimiento científico, literatura y tecnología, son todos productos del ingenio individual que se nos ha transmitido a través del aprendizaje. La mayoría de lo que es importante, interesante y humano es el resultado de la creatividad de alguien. Tan solo el sexo, los deportes, la música y el éxtasis religioso pueden llegar a competir con el acto creativo. Y la creatividad sigue siendo central en nuestras vidas.

¿Qué es eso que poseen los individuos creativos que los distingue del resto de nosotros? Antes que nada, son individuos muy complejos, y exhiben tendencias de pensamiento y acción que la mayoría de las personas aíslan. En lugar de ser "individuos", cada persona creativa es una miríada de pensamientos y acciones; una "multitud creativa". La gente creativa también desborda tanto energía física como mental. ¿Será que poseen una ventaja genética? Esta abundancia de energía interna parece ser generada y regenerada a voluntad. Así que, en lugar de tratarse de superioridad genética, resulta que sus mentes están altamente enfocadas y apuntadas a metas específicas. Poseen la excepcional habilidad de encender su energía y avanzar como dínamos mientras trabajan, y luego apagar sus motores y tomarse un tiempo para descansar y "llenar el tanque".

Las personas creativas pueden ser tanto sexuales como célibes en su configuración psicológica, Algunos expresan sus libidos en la sexualidad, pero la abstinencia tiende a ir de la mano con logros superiores. Son inteligentes, aunque ingenuos. Los psicólogos creen que los individuos creativos están dotados con altos niveles de inteligencia general, o "g".[80] Sin embargo, pasado cierto puntaje de C.I. (casi todo el mundo está de acuerdo en que el número mágico es 120), un mayor cociente intelectual no necesariamente implica una mayor creatividad. Es igual de probable que gane un premio Nobel un científico con un C.I. de 125 que un colega con

180. Un ejemplo es el del físico ganador del premio Nobel Richard Feynman, quien tenía supuestamente un C.I. de 125. ¿Puede alguien decir realmente que Feynman *no* era un genio? ¿Era el erudito Johann Wolfgang von Goethe (de quien se supone que tenía un C.I. de 210) *"más genio"* que Richard Feynman?

La persona creativa es un pensador divergente[81] bien por encima del promedio. Esto implica fluidez de pensamiento y habilidad para generar grandes cantidades de ideas innovadoras y cambiar fácilmente de perspectiva ("flexibilidad"). Él o ella posee un "nivel" de originalidad superior al promedio en el pensamiento asociativo. Un dejo o atisbo de inmadurez intelectual y emocional (o "aniñamiento") puede venir acompañado de una profunda introspección. El individuo creativo es extrovertido e introvertido a la vez: orgulloso pero humilde; responsable e irresponsable; arriesgado pero tímido. Estas características, que pueden parecer contradictorias superficialmente, se conjugan bien cuando forman parte de la personalidad creativa. La motivación intrínseca suele ser un marcado rasgo del carácter. La habilidad de apreciar y admirar su creación por su propio mérito es otra cualidad o "virtud" importante que posee la mayoría de la gente creativa.

La hora más temida para muchas personas creativas es aquella en la que sienten que su creatividad comienza a desvanecerse; no pueden trabajar. Sin embargo, la realidad histórica parece pintar una escena más alegre y alentadora:

La creatividad puede durar hasta bien entrados los 80 o 90 años, ¡y más allá! Pablo Picasso y la Abuela Moses son ejemplos de logros creativos en su más alto nivel, realizados por personas de edad muy avanzada.

Cuando estoy ocupado escribiendo poesía (mi pasatiempo preferido), suele ocurrirme que no siento necesidad de dormir, comer, o comunicarme con otras personas. En mi auto-inducido estado de "beatitud", llevo a cabo lluvias de ideas y escribo, creando metáforas y analogías a la par de la expresión de mis pensamientos y sentimientos. Continúo escribiendo hasta estar satisfecho con el resultado final. Entonces, y solo entonces, puedo dormir. Al día siguiente suelo reescribir el poema o cuento completo, y compararlo con el original de la noche anterior. En algún momento de esa tarde o de la mañana siguiente, edito mi obra y la envío a una o dos de mis revistas literarias favoritas, para que la publiquen. La mayoría de las veces mantengo mi trabajo "escondido", esperando el día en el que pueda revelarlo al mundo, o bien "congelarlo" indefinidamente. Valoro, aunque más no sea, el tiempo y el esfuerzo que fueron necesarios para la creación del poema o cuento. A veces, lo único que necesito es mi propio sello de aprobación.

Hay personas que están dotadas con todas las características de un artista, escultor, poeta, escritor de cuentos o novelista, etc., pero que no se "comportan" en forma creativa. ¿Quizás escogen no ser creativas? ¿Será que sencillamente no son conscientes de que poseen un "instinto" creativo? Creo firmemente que hay un momento y un lugar para todo y para todos. *Sabemos*, casi instintivamente, cuándo estamos listos para comenzar, y cuándo estamos listos para terminar y seguir adelante.

¡Carpe diem!

Capítulo Veinticuatro

Auge y caída del C.I. del mundo

En un mundo en el que el conocimiento, la inventiva, la creatividad y la oportunidad están al alcance de la mano, ¿por qué está descendiendo el C.I. mundial? ¿En qué cabeza cabe la idea de que los puntajes de las pruebas de C.I. estén cayendo? Se nos ha hecho creer lo contrario. En este ensayo, intentaré exponer ante el lector una breve pero satisfactoria historia del efecto Flynn y explicaciones actuales de ciertas escuelas de pensamiento.

El profesor de filosofía moral y ciencias políticas, James R. Flynn, de la Universidad de Otago en Dunedin, Nueva Zelanda, estudió los puntajes de C.I. a lo largo del siglo XX, y descubrió que los C.I. a nivel mundial parecían estar aumentando unos asombrosos tres puntos por década, e incluso más en algunos países. Aunque varios otros habían llegado a la misma conclusión, el profesor Flynn había trabajado más duro y por más tiempo en sus intentos de analizar, ejemplificar y explicar este fenómeno. De ahí que naciera el epónimo efecto Flynn en 1986.

Ahora parece que algunos conceptos del efecto Flynn y la hipótesis más actual predicen una disminución sostenida en los puntajes de C.I. en todo el mundo hasta el año 2050. En 1927, Lenz propuso como hipótesis que la inteligencia en el mundo podría haber estado disminuyendo. Observó que las parejas inteligentes tenían menos hijos que parejas con una inteligencia promedio o menor. Los psicólogos Herrnstein y Murray[2] confirmaron esto, mostrando que en los Estados Unidos, las mujeres con un C.I. de 111 tenían 1,6 hijos, mientras que aquellas con un C.I. promedio de 81 tenían 2,6 hijos. Esta relación entre menor cantidad de hijos y el C.I. de las madres se conoce como "fertilidad disgénica". Lynn y Harvey calcularon esta disminución genotípica global en C.I. comparando los puntajes promedio de C.I. de todo el mundo a lo largo de dos generaciones sucesivas, en 1950 y 2000. Los puntajes de C.I. resultaron ser 92,75 en 1950 y 90,31 en 2000. Apenas una diferencia significativa; y, sin embargo, parece ser una predicción para futuras generaciones. Durante los próximos 50 años la disminución será alta. Se estima que los resultados genotípicos de pruebas de C.I. disminuirán más de lo que ya lo han hecho en anteriores generaciones, dado que las tasas de fertilidad para los individuos de alto C.I. apuntan a ser menores en las dos generaciones entre 2000 y 2050.

Debido a que los C.I. genotípicos[3] están en declive, parece que los efectos positivos del efecto Flynn se están volviendo más escasos, y puede que sufran según la ley de la disminución de los resultados. De hecho, el efecto Flynn ha dejado de ocurrir por completo en algunos países desarrollados o del "Primer Mundo". Por ejemplo, un estudio en niños de 11 y 12 años en Gran Bretaña mostró una disminución de 4,3 puntos de C.I. en una década. Mientras el efecto Flynn entra gradualmente en hibernación, puede inferirse que tanto la inteligencia genotípica como la fenotípica[4] comenzarán eventualmente a disminuir. Respecto de la hipótesis de que el efecto Flynn aún "pisa fuerte", Robert Lindsay[82] observa:

> Un argumento es que el efecto Flynn no es un verdadero aumento en la inteligencia en absoluto, ya que no ocurre en la inteligencia *verdadera*. "Las ganancias del efecto Flynn no son aumentos en la inteligencia, son cero, nada." Continúa diciendo que "esto no es correcto, pero el argumento es interesante. Primero, necesitamos entender qué es y qué

significa el efecto Flynn. Luego necesitamos comprender qué es y qué significa g. [...] Efectivamente, ha habido un incremento en g por el efecto Flynn, pero solo en uno de los componentes de g". Más adelante, el artículo tilda de insensato a todo el concepto de entender la inteligencia exclusivamente a través de la lente de g, por no decir 100% erróneo.[83]

Por su parte, Alan Griswold opina que:

[...] si las impresionantes estadísticas del efecto Flynn del siglo XX nos dicen algo en absoluto, es que el efecto Flynn puede permanecer con nosotros, y sostenernos, por un tiempo considerable aún, basándose puramente en su propia inercia [...] Si el efecto Flynn ha terminado, entonces también ha concluido el curso del progreso humano. El aceptar tamaña tontería sería malinterpretar lo que el efecto Flynn ha estado intentando decirnos, sería no comprender la pregunta del profesor Flynn acerca de "Qué es la inteligencia".[84]

Me parece que Alan Griswold "puso todos sus huevos en una sola canasta". Parece estar diciendo que el efecto Flynn continuará como hasta ahora bien entrado el siglo XXI y más allá, como una suerte de "salvador perenne" de la inteligencia, de la supervivencia de la raza humana, y como un portador de progreso. Se basa en conceptos de naturaleza espaciotemporal; imagina un mundo progresivamente más espacial, más temporal, coalesciente con un entorno lleno de patrones. Griswold está convencido, y profetiza que el fin del efecto Flynn será el fin de la raza humana. "No es el efecto Flynn lo que debiera asustarnos, sino su fin."[85]

En muchas áreas, la inteligencia fenotípica ha estado creciendo (el efecto Flynn) mientras que la inteligencia genotípica ha disminuido dada la asociación negativa entre la inteligencia y lo que se conoce como "fertilidad disgénica". Aumentos de hasta 7,5 puntos de C.I. en la inteligencia fenotípica son mucho mayores que los de 0,43 puntos por generación en el C.I. genotípico global, que se ha estimado para el período 1950-2000.

La situación en el mundo industrializado parece seguir el camino de los Estados Unidos y un puñado de otras naciones desarrolladas, ya que el C.I. fenotípico ha disminuido en mayor grado como resultado de las mejoras del entorno.[86] En Noruega, Suecia, Dinamarca, Gran Bretaña y Australia, la inteligencia fenotípica se ha estabilizado y ahora está en declive. A pesar de esto, naciones en desarrollo otrora pertenecientes al "Tercer Mundo" han exhibido un *incremento* (el efecto Flynn en su mejor momento), y esto reducirá la brecha en inteligencia fenotípica entre las naciones económicamente desarrolladas y aquellas que están en el camino hacia el desarrollo industrial y económico. Kenia y el pequeño país isleño de Dominica, en el Caribe, son excelentes ejemplos de esto último. Cuando todos estemos a la par, cesarán las mejoras ambientales en las naciones económicamente afortunadas. La continuidad de la fertilidad disgénica desatará una disminución global tanto en la inteligencia genotípica como en la fenotípica. La solución más lógica y obvia sería alguna suerte de eugenesia, para revertir la fertilidad disgénica. Pero tal vez no sea tan obvia la controversia y el alboroto filosófico-teológico-científico que seguramente sobrevendría ante la mera mención de la palabra "eugenesia". Lo que debe evitarse a toda costa es el autoritarismo; por ejemplo, el similar al modelo chino, que adoptó como regla a principios de los '80 el tener solo un hijo por familia. Siguiendo el hilo de la controversia, se otorgarían "licencias de paternidad" a parejas con un cierto grado de inteligencia únicamente.

En conclusión, para poder eliminar la fertilidad disgénica y la consiguiente disminución en C.I. genotípico de raíz, la eugenesia indica que los embriones sean escaneados y elegidos y luego pasen una especie de "prueba de C.I. prenatal". Estos embriones también deberían poseer otras cualidades deseables.

Referencias

El orden de nacimiento y la inteligencia

[1] Galton, Francis, *Científicos británicos: sus características y crianzas*, Londres, Macmillan, 1874.

[2] Galton no tomó en cuenta a las hijas mujeres cuando informó sus resultados; así que, en teoría, un niño podría ser considerado el "primogénito" incluso si hubiese sido el último en nacer, siempre y cuando tuviera solo hermanas.

[3] Un estudio longitudinal es una investigación correlacional que involucra observaciones repetidas de los mismos ítems a lo largo de grandes períodos de tiempo, usualmente varias décadas.

[4] Dos teorías contrastadas con datos de los Estados Unidos: *American Educational Research Journal*, 16, pp. 257-272. Page, E.B. & Grandon, G., *Configuración familiar y habilidad mental*, 1979.

[5] Los estudios transversales (también llamados análisis transversales) forman una clase de métodos de investigación que involucran observaciones de un subconjunto de una población de ítems, todas al mismo tiempo, en los que los grupos pueden ser

comparados a diferentes edades con respecto a variables independientes, como el

C.I. y la memoria. La diferencia principal entre los estudios transversales y los longitudinales es que los transversales suceden en un punto determinado del tiempo, mientras que los longitudinales implican una serie de mediciones tomadas a lo largo de un período de tiempo. Ambos son tipos de estudio observacional.

[6] Hally, Thomas "¿Somos más listos que nuestros ancestros? - El efecto Flynn", Mensa *International Journal*, número 518, septiembre de 2008, pp. 01-02. Eda. Kate Nacard.

[7] Las investigaciones muestran que los incrementos del C.I. en distintos países han sido variados. En general, se han observado aumentos generacionales en el orden de los 5 a 25 puntos. Los mayores incrementos parecen darse en pruebas que miden la inteligencia fluida (*Gf*) más que la inteligencia cristalizada (*Gc*).

[8] El modelo de la dilución de recursos propone que los recursos paternos son finitos, y que a medida que la cantidad de niños en una familia aumenta, los recursos destinados a un hijo en particular deben, necesariamente, disminuir.

[9] Zajonc, R. B. & Markus, G. (1975). "Orden de nacimiento y desarrollo intelectual", *Psychological Review*, 82, pp. 74-88.

[10] A medida que entran más niños en la familia, el entorno intelectual general se vuelve menos maduro.

[11] Incluso dentro de la ciencia, el C.I. está relacionado apenas débilmente con los logros de las personas que son lo suficientemente inteligentes como para volverse científicos. Las investigaciones han demostrado, por ejemplo, que es igual de probable que un científico con un C.I. de 130 gane un Premio Nobel que uno con un C.I. de 180. (Hudson, L., 1966). *Contrary Imaginations: A Psychological Study of the English Schoolboy*. Londres: Methuen.

¿Genio creativo o psicótico?

[12] www.sma.org.sg/sma_news/3403/commentary.pdf

[13] Ibid.

¿Somos más listos que nuestros ancestros?

[14] Flynn, James R., *What is Intelligence? Beyond the Flynn Effect,* Nueva York, Cambridge University Press, 2000.

La Teoría de las Inteligencias Múltiples de Howard Gardner

[15] www.mitest.com//o7inte~htm
http://moreintelligentlife.com/story/the-world-is-getting-smarter

La venganza de Moctezuma. ¡El chocolate puede aumentar su C.I.!

[16] http://journals.lww.com/cardiovascularpharm/pages/article viewer.aspx?ye=2006&issue=06001&article=00018&type=abstract

[17] http://www.selfgrowth.com/, Self-Improvement online, Inc.

Los hombres listos son los hombres que ganan corazones

[18] *Diccionario de la lengua española*, 22da. edición, Madrid, Espasa Calpe, 2001.

[19] http://psych.unm.edu/people/directory-profiles/geoffrey-miller.html

[20] http://www.northumbria.ac.uk/browse/ne/uninews/archive/2009news/1127841?view=Standard&news=archive

La frenología: protociencia/pseudociencia

[21] Este concepto rudimentario eventualmente dio a luz a la teoría de "brain localization" (localización del cerebro), que fue probada definitivamente cuando comenzó la era de las computadoras.

¿Es más inteligente la gente hermosa?

[22] Satoshi Kanazawa y Jody L. Kovar, *Por qué es más inteligente la gente hermosa*, disponible en línea en www.sciencedirect.com

[23] El *efecto halo* se refiere a un prejuicio cognitivo en el cual la percepción de una característica particular es influenciada por la percepción de las características anteriores en una serie de interpretaciones.

[24] Personalmente, sugeriría entablar conversación con uno de los bellos "dioses"o "diosas" habitués de la playa Malibú, cerca de Los Angeles, Calofirnia, para probar la exactitud de estas presunciones.

[25] Los críticos del teorema KK creen que muchas mujeres extremadamente atractivas son poco inteligentes, remarcando que, en la antigüedad, el cabello rubio claro y los pechos grandes y firmes, por ejemplo, eran indicadores de juventud y que, por ende, daban la impresión de ingenuidad e inexperiencia, que se interpretaba como falta de inteligencia. Un término reciente en inglés para referirse a las jóvenes mujeres que encajan en este estereotipo es *bimbo bimbette*.

[26] Algunas obras del Dr. Satoshi Kanazawa:
Kanazawa, Satoshi y Diane J. Reyniers (2009), *The Role of Height in the Sex Difference in Intelligence*, American Journal of Psychology;
Kanazawa Satoshi y Kaja, Perina (2009), *Why Night*

156

Owls Are More Intelligent, Personality and Individual
Differences;
Kanazawa, Satoshi (2007), *Beautiful Parents Have More
Daughters: A Further Implication of the Generalized
Trivers-Willard Hypothesis (gTWH)*,
Journal of Theoretical Biology;
Kanazawa, Satoshi (2010), *Why Liberals and Atheists
Are More Intelligent*, Social Psychology Quarterly 73 (1).

[27] La *falacia naturalista* suele considerarse una falacia
formal. Fue descripta y nombrada por el filósofo
Británico G. E. Moore en su libro de 1903
Principia Ethica. Moore afirmó que una falacia
naturalista ocurre cuando un filósofo intenta justificar
un argumento ético apelando a una *definición* de
"bueno", en términos de una o más propiedades
naturales como lo placentero", "más evolucionado",
"deseado", etc. La falacia naturalista está relacionada
a–y suele confundirse con– el problema del "es-
debiera- ser", y viene del *Tratado* de Hume. Como
resultado de esto, el término suele usarse
informalmente para describir argumentos que
supuestamente extraen conclusiones éticas de hechos
de la naturaleza.

[28] Facultad de Economía de la U.C.D. & Instituto Geary,
Universidad de Dublin, Belfeld, Dublin 4, República de
Irlanda (Eire).

[29] Dr. Kevin Denny, Serie de Papers Argumentativos de
la U.C.D., *Beauty and Intelligence may or may not be*

related, P2.

El "Efecto Mozart"

[30] El término "Efecto Mozart" fue acuñado por los medios en respuesta a un estudio de la Dra. Frances Rauscher, el Dr. Gordon Shaw, y sus colegas de la Universidad de California en Irvine, en 1993.

[31] Gordon L. Shaw, Academic Press, 84 Theobold's Road, Londres, WCIX 8RR, UK 2004, 2000.

Personalidad y creatividad: extroversión versus introversión

[32] C. G. Jung, *Tipos psicológicos* (1921); H. Eysenck, de., *A Model for Personality* (1981).

[33]

findarticles.com/p/articles/mi_m0846/is_5_23/ai_11151 8927 Fleeson, W. *Towards a Structure-and Process-Integrated View of Personality: Traits as Density Distributions of States*, Journal of Personality and Social Psychology, 80, 2001. Pp. 1011-1027.

[34]

www.psychologytoday.com/articles/pto-1095.html From *Creativity: The Work and Lives of 91 Eminent People*, by Mihaly Csikszentmihalyi, published by HarperCollins, 199.

[35] Sir Isaac Newton.

[36] Aquellos interesados en tomar la prueba, pueden encontrarla en la categoría "artículos", bajo el nombre

158

la "The I-E Scale" (inglés para Escala I-E) en
www.mysteriumsociety.org

[37] www.keirsey.com/sorter/register.aspx

[38] www.humanmetrics.com/cgi-win/JTypes2.asp

Un resumen de las redes neuronales

[39]

Neuroimágenes:
http://en.wikipedia.org/wiki/Neuroimaging

[40] Dendrita: http://es.wikipedia.org/wiki/Dendrita.

[41] Axón: http://es.wikipedia.org/wiki/Axón.

[42] Sinapsis: http://es.wikipedia.org/wiki/Sinapsis.

[43]Turing-B:
www.alanturing.net/turing.../Turing's%20neural%20net
works.hmll.

[44]Perceptrón:
http://es.wikipedia.org/wiki/Perceptr%C3%B3n.

[45] Fredrich August von Hayek fue un economista y
filósofo austríaco, conocido por su defensa del
liberalismo clásico y del capitalismo de libre mercado.
Hayek también escribió acerca de la neurociencia y la
historia de las ideas.

46

Cognitrón:
http://es.wikipedia.org/wiki/Red_neuronal_artificial

[47] Una red Hopfield es una forma de red neuronal artificial recurrente, inventada por John Hopfield, un científico estadounidense conocido por inventar una red neuronal asociativa en 1982.

48

Distribución-paralela:
http://es.wikipedia.org/wiki/Computación_distribuida

[49] George Siemens, *Connectivism: A Learning Theory for the Digital Age*,International Journal of Industrial Technology and Distance Learning, vol. 2, no. 1, enero de 2005, 3.

[50] D. E. Rumelhart, G. E. Hinton y R. J. Williams, *Learning Internal Representation by Error Propagation*. Informe técnico para la Universidad De California, Instituto San Diego La Jolla de Ciencia Cognitiva. Marzo-septiembre de 1985.

51

Regresión-logística:
http://en.wikipedia.org/wiki/Logistic_regression

[52] http://es.wikipedia.org/wiki/Perceptrón_multicapa

[53]Inferencia Bayesiana:

http://www.factindex.com/b/ba/bayesian_inference.ht
ml

[54] Transformada de Fourier:
http://es.wikipedia.org/wiki/Transformada_de_Fourir

[55]Sistema experto:

http://www.iiia.csic.es/udt/es/artificialintelligence/siste
mas-expertos

[56]Estimación:
http://es.wikipedia.org/wiki/Estimación_estadística

[57]Optimización:
http://es.wikipedia.org/wiki/Optimización_(matemática)

[58]

Teoría-de-control:
http://es.wikipedia.org/wiki/Teoría_de_control

[59] Wolfgang Mass y Christopher M. Bishop, *Redes
Neuronales de Pulsos*, XX, Instituto tecnológico de
Massachusetts, 1999.

[60] José Féliz Rodriguez Jiménez, Ingeniero de Softwae
Senior, ContPAQ I, Guadalajara, Jalisco, México.

¿Disminuye nuestra creatividad a medida que envejecemos?

[61] Lejos de ser algo malo, el conocimiento académico es la llave que abre el mundo a la creatividad y al pensamiento divergente. El problema es que el aprendizaje rutinario y la creatividad no suelen ir juntos. Nuestras habilidades para reinventarnos y ser mejores pueden ser inhibidas cuando somos jóvenes, y los docentes universitarios pueden desestimar o etiquetar muchas de nuestras ideas creativas como "bohemias" o "inconformistas".

[62] Una definición operativa de *trampa cognitiva* de www.creatingminds.org: opiniones y sentimientos como sustituto del razonamiento; definir tu realidad por lo que conoces, lo que crees, y cómo actúas.

[63]http://www.expotv.com/videos/reviews/4/53/The-Creative-Age-_Awakening-Human-Potent/65978

[64] La historia nos dice que Sófocles escribió *Edipo en Colono* a los 89 años de   edad, y el juez de la Corte Suprema de los Estados Unidos, Oliver Wendell Holmes, comenzó a estudiar griego a los 92.

[65] La *inteligencia cristalizada* puede considerarse como la siempre creciente   suma del aprendizaje de toda una vida de experiencias continuas y variadas.

[66] Glen Collins, "Exploring the Past: Creativity in Old

Age", *The New York Times*, 2 de marzo de 1981.

[67] Uno de los indicadores de longevidad más consistentes en todo el mundo, en todas las condiciones económicas, es la educación de nivel superior. Si uno permanece en la universidad y consigue un título, parece incrementar las chances de vivir más tiempo casi más que cualquier otra cosa, salvo cuidar físicamente de uno mismo haciendo ejercicio con regularidad, alimentarse sanamente, y no fumar. Mientras la tecnología y la medicina evolucionan en el tiempo, la expectativa de vida en la mayoría de los países aumenta.

C.I., inteligencia, etnia y género

[68] Thomas Hally, "Are we smarter than our ancestors?" *Mensa International Journal* 518, septiembre de 2008, 1-2. Eda. Kate Nacard.

[69] *IQ and the Wealth of Nations*, del Dr. Richard Lynn, profesor Norte, y del
Dr. Tatu Vanhanen, profesor emérito de Ciencia Política en la Universidad de
Tampere, Tampere, Finlandia.

[70]
http://www.harvard.edu/president/speeches/2005/nber.html

Pensamiento crítico y pensan
creativo: un resumen de la cue

71 Esta concepción deriva del comienzo del ᵬ
Juan, traducido normalmente al español como
principio era el Verbo, y el Verbo era con Dios, y
era Dios".

72 Las presentaciones o exposiciones de hᵬ
creencias o suposiciones   (presunciones) también
argumentos, en el sentido de que pueden ser desafiaᴑ
analizados y sintetizados, y su validez o falsedad pueᴄ
ser extrapolada, creando nuevos conceptos y,
eventualmente, nuevos argumentos, moviéndose en la
misma forma que la *Dialéctica Hegeliana*.

73 Huitt, W. "Critical Thinking: An Overview" *Educational
Psychology Interactive*, 1998, p. 1. Valdosa, GA. Valdosa
State University.

74 Ibíd., p. 2:
De *[La] Enciclopedia Stanford de Filosofía, "La hipótesis
del* enguaje del pensamiento": La Hipótesis del Lenguaje
del Pensamiento (LOTH, por sus siglas en inglés) postula
que el pensamiento es llevado a cabo en un lenguaje
mental. Este lenguaje consiste en un sistema de
representaciones que ocurre físicamente en el cerebro
de los pensadores y posee una sintaxis (y semántica)
combinatoria tal que las operaciones en las
representaciones son causalmente sensibles solo a las
propiedades sintácticas de las representaciones mismas.

75 De acuerdo a la LOTH, el pensamiento es, a grandes rasgos, la simbolización de una representación que posee una estructura sintáctica (constitutiva) con una semántica apropiada.

76 Jean Maripoldi, "Critical Thinking and Creativity, an Overview and Comparison of the Theories". Independent researcher.

77 El pensamiento convergente suele ser pensamiento lineal en forma paso a paso. El pensamiento divergente es pensamiento no lineal (pensamiento lateral): aquello que es comúnmente conocido como pensar "fuera de la caja".

[78] Ya que un fin válido para la creatividad puede ser el arte por el arte mismo (*L'art pour L'art*), en este caso, "el fin justifica los medios".

[79] GIGO: originalmente un acrónimo del argot de la programación de computadoras, que significa "entra basura, sale basura". Describe los resultados esperados por lógica de un programa de computadora cuando una entrada de datos erróneos o pobres devuelve una salida de datos errónea o pobre.

Personalidad y creatividad

[80] El pensamiento o inteligencia convergente es la clase de inteligencia que miden las pruebas de C.I. La inteligencia convergente es la que ayuda a los artistas; poetas, escultores y escritores a diferenciar las ideas

buenas delas pobres.

[81] Pensar divergentemente es pensar "fuera de la caja", o sea, pensamiento no lineal, y es una desviación de "lo normal" (pensamiento convergente). El pensamiento divergente es el tipo de pensamiento que gentes creativas usan para resolver problemas y producir grandes obras de arte.

Auge y caída del C.I. del mundo

[82] El autor de "The Flynn Effect and "g".

[83] Robert Lindsay, "The Flynn Effect and 'g'", 14 de septiembre de 2009.

[84] Griswold, Alan, "Autistic Songs", 2011.

[85] Ibídem.

[86] Lynn, R. y Harvey, J., *Intelligence 36*, 2008, p. 15.

166

Acerca del Autor

Thomas Hally nació y creció en San Francisco, California. Después de haber servido a su país como oficial en el ejército de los Estados Unidos durante el conflicto de Vietnam, hizo la licenciatura ("Bachelor's Degree") en la Universidad de San Francisco. Luego, mientras buscaba empleo, escribía y leía su poesía en los cafés bohemios de North Beach en San Francisco y, poco después, fue a Madrid, España para "perfeccionar" su castellano. De vuelta a San Francisco, Hally trabajó un tiempo como bibliotecario de cintas y programador de computadoras para el Cuerpo de Ingenieros del Ejército de los Estados Unidos. Cambió el panorama totalmente cuando fue a México para vivir. Se casó con Guadalupe cuando era estudiante en la Universidad Nacional Autónoma de México, la "UNAM". Thomas ha ocupado su tiempo libre escribiendo poemas, cuentos y artículos sobre la psicología cognitiva y filosofía para las revistas *Meretrices*, La*ke Chapala Review y El Ojo Del L*ago. De 2007 a 2013, fue escritor regular ("feature articles writer") para el Mensa International Journal y el Mensa World Journal. También fue Editor-en-Jefe de la revista *Telicom*, de la International Society for Philosophical Enquiry ("ISPE"). Actualmente, Thomas es Editor de Idiomas y Editor de Poesía y Prosa de la revista *Telicom,* y es Vice Presidente de la ISPE. El autor es activo en Mensa además de la ISPE, Desde el 2004, vive con su esposa y ocho gatitos y su perro Labrador, "Blue," en Jalisco, México, justamente en la ribera del Lago Chapala, el lago más grande del País.

Thomas Hally es el autor de Concepts of Intelligence, la versión original en inglés publicado en 2011 por Create Space Publishing (Amazon.com) y en 2012 la segunda edición. Hally es el autor de Motley Mumbling, Romance Poetry and Prose, un libro bilingüe en español e inglés. Ambos libros están disponibles en Amazon.com, iUniverse.com y Barnes and Nobel Librerías.